KB261022

잘나가는 신입사원
20명이 공개하는
자기소개서 잘 쓰는 법

잘나가는 신입사원
20명이 공개하는
자기소개서 잘 쓰는 법

이현택 지음 | 남기웅 감수

잘나가는
신입사원
20명이
공개하는

자기소개서 잘 쓰는 법

21세기북스
www.book21.com

스스로를 발견하는 즐거움에 취하라

스스로를 잘 안다고 생각합니까? 자신에 대해서 스스럼없이 설명할 수 있습니까?

이 책의 독자들 대부분은 지금 기업체 입사를 희망하고 있을 것입니다. 직업은 인생에서 가장 신중하게 선택해야 할 사항 중 하나입니다. 하지만 일생일대의 이 선택이 원하는 대로 될 확률은 0%에 가깝습니다. 지금은 본인이 직업을 선택하기보다는 조직에서 인재를 선택하는 시대이기 때문입니다.

이 글을 쓰는 동안 예전에 여러 대학에서 학생들을 대상으로 경력개발설계에 대해 강의하던 내용이 떠올랐습니다. 직업을 선택할 때 고려해야 하는 것들로, 먼저 본인의 장단점과 희망사항을 정리한 후 특정 직무를 정하고, 그에 맞는 산업군과 기업군을 선택하며, 최종적으로 회사나 조직은 각 산업군과 기업군에서 1위 기업부터 나열한 후 해당 기업군에서 수직적으로 지원하라는 내용이었습니다.

이는, 기존 대기업인 삼성, LG, KT 및 각종 공사에 대충 원서를 뿌리고 운 좋게 하나 걸려서 가는 것보다는 일단 본인의 장점과 희망을 바탕으로 선택하는 것이므로 장기적인 성장이 가능합니다. 지금은 특정 기업에 본인을 맞추기보다는 본인의 경력과 선호 직업에 따라 회사를 선택할 수 있습니다.

예를 들어, 웹 디자인 전공자는 광고회사, 인터넷 회사, 게임회사, 화학회사, 금융회사 등 모든 회사에 지원해볼 수 있습니다. 합격하면 그 회사에서 일정 수준 이상 성장할 수도 있습니다. 필요한 것은, 본인의 최종 목표가 인터넷 기업의 최고 웹디자이너라면 지레 포기하지 말고 인터넷 기업 1위부터 나열해보고 해당 기업에 지원해본다는 자세입니다.

동일 산업군이라면 기업이 요구하는 인재상과 해당 직무를 수행해내는 데 필수적인 역량이 유사할 가능성이 높습니다. 따라서 동일 산업군과 기업들을 조사함으로써 본인의 적합성 여부를 깊이 따져보는 것이 중요합니다. 물론 가장 중요한 것은, 인생의 꿈을 장기로 보고 1,2위 기업에 실패하더라도 3위 기업에 입사하여 다년간 경력을 쌓고 그것을 바탕으로 또다시 1위 기업에 도전한다는 마인드입니다.

이 책은 기업을 선택한 뒤 그 기업이 서류전형을 통해 얻고자 하는 정보에 적합하게 본인을 표현해 나가는 기술을 설명한 책입니다. 원론적인 내용이 아니라 실제 취업하기 위해 노력한 선배들의 실상을 담은 실전서입니다. 저자가 밝힌 것처럼 이 책은 원하는 기업에 취업하는 방법을 알려주지는 않습니다. 하지만 원하는 기업에 본인이 얼마나 적합한지 냉정하게 맞춰보고 표현해볼 수는 있는 책입니다.

최근 채용 방법은 과거 집단적인 평가에서 직무별 특화된 평가로 바뀌어가고 있습니다. 과거에는 서류가 접수되면 회사 내 서류전형 위원들이 일정 기간 동안 합숙하면서 표준 눈높이로 검증하는 단계를 거쳤다면, 최근에는 신입과 경력을 막론하고 서류 단계부터 해당 직무별 전문가나 관리자들이 직접 선발 작업에 참여합니다. 같은 질문에 대해 평가하는 담당자들이 달라졌다고 생각하면 됩니다.

즉, 나를 평가하는 사람은 내가 희망하는 직무를 현재 수행하고 있는 전문가, 내가 걷고자 하는 길과 비슷한 길을 먼저 걷고 있는 선배라고 생각하면 됩니다. 따라서, 특정 질문에 답하면서 너무 꾸미고 꼬거나, 없는 깊이를 만들거나 할 필요가 없습니다. 경영학을 전공한 경영지원 분야의 지원자와 컴퓨터 공학을 전공한 시스템 엔지니어 지원자가 "생각의 차이로 다른 사람과 겪었던 갈등"을 표현하는 방식은 달라야 합니다.

이 책은 많은 선배들의 경험을 담은 매우 좋은 사례 분석집입니다. 다만, 이 책은 스스로를 발견하기 위한 책이지, 내용을 모방하거나 답습하도록 하는 책이 절대 아님을 명심해주기 바랍니다. 사례에 나오는 분들은 해당 기업을 연구하고 스스로를 발견하는 데 많은 시간과 노력을 들여 좋은 결과를 얻었습니다. 그들이 말하는 노하우를 전수받고 참고하십시오.

서류전형에서 밝힌 많은 사항들은 다음 절차인 여러 단계의 면접과 토의 과정을 통해 철저히 검증 받습니다. 단순히 좋은 내용으로 서류전형을 통과한다 해도 그 이후 과정에서 문제가 될 수 있습니다. 해당 산업이나 기업에 대한 연구와 나 자신에 대한 연구 노력 없이는 전 단계를 통과할 수 없습니다.

이 책이 스스로를 발견하는 즐거움을 느끼는 계기가 되기를 기원합니다.

남기웅(NHN인사운영팀장)

2년간 숨겨온 자기소개서를 공개하며

사실 자기소개서는 널렸다. 포털 사이트 '다음'에 있는 몇몇 취업 카페에만 가도 몇 년치 자기소개서 문항과 예시답안, 합격자의 소감이 널려있고, 필자가 졸업한 연세대학교에서는 취업 정보실 차원에서 삼성전자, CJ, SKT 등 학생들이 선호하는 회사의 자기소개서 문항과 예시답안을 핸드북으로 만들어주기까지 했다.

그러나 정작 내가 4학년이 되고 또 자기소개서를 쓰려니 딱히 참고할 문헌이 없었다. 인터넷과 취업지원과의 정보는 좋은 샘플이 되었지만 내가 응용할 방법을 전해주지 않았기 때문이다. 몇몇 눈치 빠른 친구들은 취업한 선배들을 찾았지만, 정작 CPA 공부만 하다가 4학년이 돼버린 내겐 물어볼 선배도 변변히 없었다(필자는 CPA에 계속 떨어지다가 정신 차려보니 4학년이 됐다). 짜증이 났다. '꼭 취업하면 자기소개서를 쓰는 비법을 알려주리라' 고 두 손을 꼭 쥐며 약속했다. 그것이 이 책의 출간 배경이다.

2006년~2007년도에 입사한 신입사원 20명이 모였다. 거창한 계획도 필요 없이, "내가 취업한 뒤에 절친한 후배에게 넘겨줬던 자료와 노하우만큼만 적자"고 결심했다. 그로부터 2년이 흘렀다. 그리고 마침내 원고가 완성됐다. 바로 『잘나가는 신입사원 20명이 공개하는 자기소개서 잘 쓰는 법』이다.

취업 전 나는 후배들과 친구들의 자기소개서를 교정해주곤 했다. 지난 2006년 7월, 혼자만의 자료창고로 쓰던 한 포털 내 자기소개서 클럽이 친구들에게 하나둘씩 공개되면서 자기소개서 교정은 나의 '일 아닌 일'이 돼버렸다. 클럽에는 나의 자기소개서를 싣는 것은 물론, 후배들과 친구들의 자기소개서를 교정해주고, 또 이를 데이터베이스화했다. 이 책을 구성하는 자기소개서의 상당 부분은 이 데이터베이스에서 유래했다. 물론 본인들의 동의를 모두 받았다.

그렇다면 어떻게 자기소개서를 쓸 것인가? 입사 지원용 자기소개서는 대입 자기소개서와 다르다. 창창한 청사진을 제시하고 앞으로의 포부를 밝히는 위주의 대입 자기소개서와는 달리 입사용 자기소개서는 구체적인 사례를 통해 자신이 이뤄낸 성과를 강조한다. 대학생이 무슨 성과냐고 묻는다면 이미 당신은 합격에서 한발 멀어진 것이다. 기업은 당신에게 주어진 여건에서 최대한의 가치를 창출하는 모습을 담은 자기소개서를 원한다.

또 언론사의 자기소개서와도 사뭇 다르다. 언론사에서는 어느 정도 문학성이 담긴 자기소개서를 용인하는 경우가 많다. 창의성을 중시하는 언론사의 속성 때문이다.

자기소개서에 정답은 없다. 자기소개서는 단순히 글을 잘 쓰는 것을 넘어 자신이 살아온 길을 회사의 의도에 맞게 어필하는 것이다. 때문에 글쓰기를 통한 비법은 없다. 그러나 어떤 대학생활을 해야 할지, 어떻게 어필할지에 대한 왕도는 있다. 바로 그 대답을 전해 주기 위해 2006년~

2007년도 신입 입사자 20여 명의 이야기를 모았다. 이들은 다양한 분야의 기업에 진출해 후배들에게 조언하고 있다. 독자들은 이 책을 통해 컨설팅, 교직원 등 다양한 분야에 진출해 있는 선배들의 생생한 이야기를 접하고, 어떻게 자기소개서를 설계해 나갈지 고민할 수 있다.

'자기소개서 잘 쓰는 법'은 철저히 사례 중심으로 쓰인 책이다. 독자들은 합격자들의 자기소개서를 통해 어떤 질문을 받을지, 어떤 점을 강조해야 하는지를 직접 경험할 수 있으리라 기대한다. 단, 각 회사의 인사방침에 역행하지 않도록 재직 중인 회사에 냈던 자기소개서는 공개하지 않는다. 그 외 회사에 제출했던 자기소개서를 대신 공개한다.

이 책에는 성공사례만 있는 것이 아니다. 쓰라린 실패 사례도 있다. 물론 그때의 실패를 보완했기에 지금 그 자리에 있겠지만, 당시의 실패를 전해주기는 쉽지 않다.

신참 기자로서 책을 내는 것에 대해 걱정하지 않은 것은 아니나, 지금이 아니면 쓸 수 없기에, 과감히 출간을 결정했다.

우선 이 책 출간에는 홍광표 선배(중앙일보 인사파트 차장)의 지도편달이 크다. 채용 과정을 지켜본 것은 물론 입사 이후에도 나의 경력 계발에 대해 코멘트를 해주시는 홍 선배의 따스한 조언과 배려가 없었다면 출간이 불가능했을 것이다.

바쁘신 와중에도 시간을 쪼개어 책의 구석구석을 감수해주신 남기웅 NHN 인사운영팀장님께도 깊은 감사를 드린다.

나의 11년 지기 친구인 유용수 인사컨설턴트는 훌륭한 원고로 이 책의 실제성을 높여주었다. 변용휘 씨, 이정운 씨, 김은교 씨, 오광민 씨, 강세원 씨, 신정수 씨, 한진수 씨, 이명섭 씨, 김아영 씨, 이정은 씨, 이지선 씨, 김지윤 씨, 김주민 씨, 이신영 씨 등 객원저자 여러분께도 감사드린다(익명을 요구한 객원저자들은 생략한다). 모두들 현업으로 바쁜 와중에도 귀중한 시간을 쪼개어 후배들에게 전하고 싶은 메시지를 남겨주었다. 그러나 객원저자들의 자기소개서를 과감히 비판한 것은 미안하다. 이 자리를 통해 사과하니 이해해 주기를 바란다.

또한 고견을 보태 책의 완성도를 더해준 조유철 씨, 친구 나무, 최정아 씨, 김태민 씨, 후배 진희, 재은이, 친구 조영석에게도 감사한다. 또한 아낌없는 코멘트로 필자를 단련시켜주신 문정태, 정지욱, 안정락 선배께도 이 자리를 통해 감사와 존경을 표한다. 필자를 격려해주신 중앙일보 선배들과 법적 검토를 맡아주신 강종호 변호사께도 이 자리를 통해 감사드린다.

이 책에는 11명의 베타테스터들이 참가했다. 바쁜 와중에도 필자의 원고를 일일이 검토해 준 장은호(연세대 사법시험 49회) 씨를 비롯해, 권지용 씨(연세대), 강버들 씨(이화여대), 김민경 씨(이화여대), 김태영 씨(울산대), 김효혜 씨(이화여대), 백재영 씨(성균관대), 손소희 씨(숙명여대), 송지영 씨(숙명여대), 장용욱 씨(한국외대), 한태우 씨(서울대) 등이 이 책의 검토에 참여했다. 후배들이 내놓은 날카로운 지적에 감사한다.

취업의 왕도에 목말라 있는 후배들에게 비법을 전해주겠노라며 호기를 부린 지도 2년, 이제 부끄러운 첫 작품을 내놓는다. 이 책에는 총 20여 명의 신입사원과 10여 명의 대학생이 직간접적으로 참여했다. 본 프로젝트의 첫 단추인 이번 자기소개서 출판 이후 취업 단계별 궁금증을 풀어주는 면접법, 합숙평가법을 담은 책 두 권을 더 낼 것을 후배들에게 약속한다. 미약한 원고지만, 갈피를 잡지 못하는 후배들에게 좋은 길잡이가 될 것으로 확신한다.

2008년 7월

이현택

self-selling으로서의 자기소개서

자기소개서에서 가장 중요한 것은 말발이 아니라 팩트fact다. 무슨 일을 해왔고, 자신의 강점이 무엇이며, 나는 어떤 노력을 해왔는지에 대한 서술. 그것이 바로 자기소개서다. 말도 안 되게 경력을 포장하거나 말도 안 되는 국제교류, 리더십 등을 언급하다가는 본전도 못 찾는다. 오히려 자신의 대학 생활을 담담히 반추해본 뒤 이를 바탕으로 강점을 피력하라. __이현택(중앙일보)

취업 후 몇 년간 일을 하며 '지금 알고 있는 것을 그때도 알고 있었더라면' 하고 생각한 적이 있다. 이 책을 통해 취업 후 나와 같은 생각을 하는 후배가 조금이라도 줄어들었으면 좋겠다. 열심히 노력하는 것만으로는 2% 부족하다. 조금 더 계획적으로, 조금 더 치밀하게 준비하자. 몇 년 후 당신이 원하는 분야에서 인정받는 스스로의 모습을 발견하게 될 것이다. __유용수(네모파트너스)

자기소개서는 self – selling의 과정이다. '나는 이런 사람이니 데려가라~'는 식의 글이 아닌, 나는 이런 강점이 있으므로 회사가 요구하는 가치를 실현할 수 있을 것이다를 강조하는 마케팅 과정이다. 주저리주저리 자신이 살아온 길을 늘어놓다가는 낭패를 보기 쉽다. 스펙은 쌓는 것보다 표현하는 것이 더 중요하다. __이정운(한국IBM)

자기소개서 내용은 하루아침에 만들어내기 어렵다. 그 안에는 한 사람의 라이프 히스토리가 들어가 있기 때문이다. 정확한 지침서 없이 무분별한 학교 생활을 마치고 자기소개서를 쓰려면 한 발 늦었다는 생각이 들 것이다. 이 책을 통해서 많은 이들이 계획성 있는 대학 생활을 하고 짜임새 있는 자기소개서뿐만 아니라 체계적인 인생까지 설계할 수 있기를 바란다. __김은교(삼성전자 미국 판매법인)

대학생활을 잘하는 것이 가장 중요하다. 자기소개서니 면접이니 하지만 정작 그 콘텐츠는 대학생활에서 나온다. 없는 콘텐츠를 포장하려니 오늘날의 '포장 대란'이 나오는 것 아니겠나. 인사담당자들이 "자기소개서는 그럴 듯한데 뽑아놓으면 이상하다"고 말하는 것도 같은 논리다. 후배들은 이 책을 통해 자신의 대학생활도 잘 설계했으면 좋겠다. __김아영(국제금융센터 인턴)

취업이란 회사와 지원자 간의 쌍방향적 거래행위다. 회사가 자신에게 관심을 갖고 만나볼 만한 매력을 발산해야 한다. '대충 뽑아놓고 써먹겠다'는 식의 인사채용 시스템은 더 이상 없다. 채용 후 단 1원이라도 회사에 보탬이 될 사람을 선택하기에 우리는 1원이라도 더 수익을 줄 수 있다는 확신을 주는 자기소개서를 써야 한다. __강세원 (CJ제일제당)

사실 취업도 한 마당에 그동안 써둔 자기소개서와 면접 노하우를 정리하는 것은 귀찮다. 취업학원 강사로 나설 것도 아니고. 그러나 후배들에게 도움되라는 심정으로 그동안의 정보를 모았다. 짧지만 인사 업무를 경험하면서, 정보도 없이 무턱대고 들이대는 지원자들을 많이 봐왔다. __한진수(CJ프레시웨이)

취업에서 가장 중요한 것은 지원 회사에 대한 이해도다. 공부를 하라. 단지 학교에서 책만 읽는 것으로는 힘들다. 내가 가려는 회사의 당면 과제는 무엇인지, 또 어떤 사업 포트폴리오가 적합한지에 대해 스스로 의견을 준비하라. 아마추어라서 어렵다고 생각하는 순간 당신의 합격은 한 발 멀어진 셈이다. 그 시간에 자료를 한 장 더 뒤적이자. __오광민(남양유업)

자기소개서는 면접용 자료다. 면접을 예상하고 쓰는 것은 기본이다. 어떤 항목에서 어떤 질문이 나올지, 또 어떤 질문에는 어떤 대답을 할지를 미리 설계하고 자기소개서를 쓰라. 무작정 자신의 일대기를 채워넣는 자기소개서는 인사담당자에게 공해만 될 뿐이다. 한 줄을 쓰더라도 대화를 이끌어내라. __변용휘(가톨릭대 성모병원)

취업을 앞두고 고생하던 나 자신이 떠올라 주저없이 집필에 참여했다. 자기소개서가 뭔지도 몰랐고, 적성검사, 역량면접 같은 단어도 생소했다. 이번 출간을 계기로 후배들은 나와 같은 시행착오를 겪지 않기를 바란다. __김지윤(폴리엠미디어)

취업한 친구들은 한결같이 입 모아 이렇게 이야기한다. "자기소개서가 끝까지 가더라"고 말이다. 지원자에 대해 아무런 지식이 없는 채점관, 면접관들이 당신을 가늠할 수 있는 유일한 사전자료이기 때문이다. 여러분들도 자신의 지나간 기억을 천천히 되짚으며 재미와 감동을 주는 자기소개서를 썼으면 좋겠다. __김주민(전 중앙일보 인턴)

차 례

감수의 글 스스로를 발견하는 즐거움에 취하라 __남기웅(NHN 인사운영팀장) **5**

머리말 2년간 숨겨온 자기소개서를 공개하며 **8**

선배들의 한마디 Self-selling으로서의 자기소개서 **12**

01. 채용 시장의 변화와 대응방안 _유용수 인사조직 컨설턴트(네모파트너스) **17**

최근 채용시장에 영향을 미치는 요인과 그 결과 · 어떻게 대처할 것인가 · 취업은 경력의 시작일 뿐이다

02. 놓치기 쉬운 자기소개서 포인트 **31**

적당한 자신감은 잘난 척이 아니다 · 성과를 구체적으로 언급하라 · 진로 목표와 청사진을 제시하라 · 단점 칸엔 단점을 쓰라 · 자기소개서는 스펙이다 · 면접관의 질문을 이끌어내라 · 읽는 재미를 더하라 · 애매하게 쓰지 마라 · '여중 여고 여대' 내세우지 마라

03. 자기소개서의 실제 **49**

현대기아자동차 · 한국 얀센 · 우리은행 · 두산 주류 BG · 삼성 엔지니어링 · 동부정보기술 · 효성캐피탈 · SK 건설 · 대한항공 · HCG · KT · 대우건설 · GS 건설 · OBS 경인 TV

인턴십 자기소개서 : 넥슨 · CJ 푸드시스템 · 조선일보 · P&G · CJ CGV · 국제금융센터

04. Copy & Paste, 인사담당자들은 다 알고 있다 157

업종별, 거점 회사별로 작성하라
자연스럽게 변형하라 : SK 건설 · GS 칼텍스 · 신세계 · AC 닐슨 · 현대중공업 · CJ
CGV · 푸르덴셜생명 · 농림부 국제농업국 · 삼성물산

05. 스펙은 이렇게 완성된다_체험 수기편 181

인턴, 그 이상의 모습을 보여줘라_금융계와 언론계, 유통계
인턴에서 정직원 되기_영화계와 IT산업계
해외 유학생, 어떻게 취업하나?
어학연수 100% 활용하기

06. 난 잘 모르겠어! : 대학생들과의 생생한 Q&A 211

잘나가는 신입사원 20명이 공개하는
자기소개서 잘 쓰는 법

채용 시장의 변화와 대응방안

_ 유용수 인사조직 컨설턴트(네모파트너스)

　20대 젊은이라면 현재 자신이 가진 것과 가지고 싶은 것을 저울에 올려놓는 시점을 크게 두 번은 겪을 것이다. 한 번은 대학입시이고, 다른 하나는 본인이 원하는 직장에 대한 도전이다.

　대학입시에서 가진 것과 가지고 싶은 것을 비교하는 일은 비교적 쉽다. 내가 가진 점수와 가고 싶은 학교, 학과의 커트라인은 숫자로 나와 있으며, 주위에 당신에게 도움을 줄 수 있는 사람도 많다. 당신이 해야 할 일은 믿을 만한 정보를 얻고, 주위의 조언에 따라 최선의 학교와 학과에 지원하는 일뿐이다.

　그러나 취업은 다르다. 우선 내가 가진 것에 대한 정확한 평가가 어렵고, 그나마 원하는 직장에 따라 내가 가진 것에 대한 평가도 달라진다. 또한 수많은 기업이 도대체 무엇을 원하는지도 알기 어렵다. 숫자로 표기되어 있는 학과 커트라인과 달리 기업에서 당신에게 전해주는 것은 원론적인 인재상과 모든 채용과정이 끝난 후 던져주는 합격 혹은 불합격 통지뿐이다. 이 과정에서 많은 취업 준비생들은 무엇을 준비해야 하는지 혼란을 느끼고, 몇 번의 실패를 겪은 후 자신감을 잃은 나머지 자신이 가진 것을 다 발휘하지도 못하는 상황에 이르게 된다.

최근 채용 시장에 영향을 미치는 요인과 그 결과

취업이 점점 어렵고 복잡해지는 것은 채용 시장에 관계된 주체인 기업과 구직자 간의 이해 관계와 특성이 모두 다른 동시에, 외부 사회의 경제사회적인 변화에 끊임없이 노출되어 있기 때문이다. 따라서 최근의 채용 시장의 변화와 당신이 이에 대처하기 위해 해야 하는 일들을 이해하기 위해서는 이에 영향을 미치는 세 가지 요인인 경제사회적 변화, 기업의 채용 트렌드 변화, 그리고 그 기업의 문을 두드리는 구직자 인력의 변화를 이해하는 일이 먼저 이루어져야 한다. 이 세 가지 요소에 대한 큰 그림이 그려진다면, 채용시장의 변화에 대처하기 위해 당신이 무엇을 해야 하는지를 결정하는 일은 한결 수월해질 것이다.

경제사회적 변화

최근 한국 사회의 경제·사회적 변화 중 채용 시장에 가장 큰 영향을 끼치는 요인 중의 하나는 '고용 없는 성장' 이다.

한국 사회 안에서는 한국의 경제 상황에 대해 늘 비관적인 모습만을 전해 듣기 쉽지만, 사실 IMF 이후의 한국 경제의 성장 추이는 세계 경제의 평균을 어느 정도 상회해온 것이 사실이다. 이웃 일본만 하더라도 '잃어버린 10년' 이라 하여 버블 붕괴로 인한 자산 가격 하락, 이로 인한 내수 시장의 침체로부터 아직 완전히 회복하지 못한 모습이지만, 한국은 그 기간 동안 이렇다 할 큰 위기 없이 비교적 착실히 성장해왔다.

그러나 채용 시장만큼은 한국 경제의 다른 지표에 미치지 못하고 있다. 이는 한국 경제의 전반적인 침체로는 설명할 수 없는 현상으로, 경제 규모가 필요로 하는 인력 규모와 실제 기업에서 필요로 하는 인력 규모와의 괴리를 발생시키는 요인이 있다는 것을 의미한다. 이 요인을 설명하는 것이 '고용 없는 성장'이다.

이 개념은 일반적으로 '국가경제는 전체적으로 생산이 늘어나는데도, 고용은 늘어나지 않는 현상'을 의미한다. '고용 없는 성장'의 주요 원인은 산업구조의 고도화에 따른 공장자동화, 정보기술 산업에 대한 의존도 확대, 전통업종인 노동집약형 산업체들의 해외 투자 확대, 서비스 산업의 비중 확대 등이다. 문제는 한국이 '고용 없는 성장'에 필요한 요소를 모두 가지고 있다는 것이다.

한국이 세계적 경쟁력을 가지고 있는 반도체, 휴대폰 등의 정보기술 산업은 전형적인 기술·자본 집약형 산업으로 수출은 늘어나도 필요한 인력 규모는 크게 늘어나지 않는다. 또한 한국 경제의 다른 축인 조선, 철강 등 중공업과 자동차 산업 등은 최근 저렴한 인력 수급 및 한국 노동 시장의 유연성 부족, 원자재 수급 필요성 확대 등의 이유로 해외 투자를 확대하고 있는 형편이다.

'고용 없는 성장'은 단순히 채용 시장의 확대를 억제할 뿐만 아니라, 채용 시장에서 원하는 인력의 종류 및 고용의 형태에도 영향을 미치고 있다. 과거 제조업 중심의 산업 구조에서는 인력의 '질'보다는 인력의 '양'이 우선시되어 비슷한 인력의 대규모 채용이 주를 이루었지만, 최근에는 소수의 뛰어난 인재를 확보하는 것이 기업의 최우선 과제가 되었다. 삼성 이건희 회장의 '천재론'도 이와 같은 맥락에서 이해할 수 있다. 과거 삼성이 세계적 선도 기업으로 부상하기 전에는 앞서가는 경쟁자의 빠른 모방으로 어느 정도의 수익을 확보할 수 있었고, 이 과정에서

'S급' 인재의 필요성은 상대적으로 적었다. 그러나 삼성이 세계적 선도 기업으로 부상한 후 새로운 가치의 창출을 통한 경쟁력 확보가 필요하게 되면서, 이러한 가치를 만들어낼 수 있는 소수의 뛰어난 인재가 필요하게 된 것이다.

이러한 현상은 비단 삼성에만 해당되는 것은 아니다. 한국 기업의 경쟁력이 점점 강화되고, 산업 구조가 첨단산업과 서비스 산업 중심으로 재편되면서 이러한 현상은 점점 많은 기업에게 피부로 느낄 수 있는 과제로 떠오르고 있다.

그러나 한편에서는 소수의 뛰어난 인재가 더 좋은 대우를 받으며 자리를 잡는 것과 달리, 다른 한편에서는 노동 유연화의 심화로 고용 형태가 다양화되고 있다. 부가가치가 적은 일자리에 대한 수요는 전체적으로 감소하고, 그 마저도 공장 자동화, 정보기술 산업 확대에 따라 기계에 의한 인력대체 범위가 커지고 있다. 이런 직업군에서는 기업이 정규직을 고용해야 하는 필요성을 더 이상 못 느낀다. 이에 따라 비교적 부가가치가 적은 직업을 중심으로 비정규직을 활용한 고용이 늘어나고 있으며, 경우에 따라서는 분사Spin-off, 아웃소싱Outsourcing 등을 활용하는 경우도 증가하고 있다. 이러한 기업의 수요 변화는 고용 형태에 직접적인 영향을 끼치면서, 최근 실업 대란의 주요한 원인으로 떠오르고 있다.

이렇듯 '고용 없는 성장' 이란 키워드를 통해 본 경제사회적 변화의 영향은 결국 '취업 시장의 양극화' 라는 결과로 나타난다. 전체적인 채용 규모의 확대는 둔화되는 동시에, 채용 시장 내부에서도 각 인력이 만들어 낼 수 있는 부가가치에 따라 그 대우의 간극이 점점 넓어지고 있다. 이러한 추세는 일시적인 현상이 아닌, 구조적인 변화에 가까운 만큼, 채용 시장에 진입하는 예비 구직자들은 하루라도 빨리 자신이 만들어낼 수 있는 차별화된 부가가치가 무엇인지 고민해야 할 필요가 있다.

기업의 채용 트렌드 변화

한 온라인 리크루팅 업체가 채용분야에서 10년 이상 일한 담당자를 대상으로 잡코리아에서 2008년 4월에 조사한 결과이다.

최근 10년 간 채용 시장의 가장 큰 변화(복수 응답)
① 입사지원자의 고학력화(40.2%)
② 면접 비중 강화(35.7%)
③ 경력을 보유한 신입 지원자 증가(32.0%)
④ 합격 후 입사 포기자 증가(30.9%)

위의 응답 중 ①, ③, ④번은 앞서 설명한 경제사회적 변화의 영향으로 어느 정도 설명이 가능하다. 그러나 ②번의 경우 지원자를 선별하는 기업 툴의 변화를 의미하는데, 이는 2000년대 들어 대부분의 한국 기업이 받아들인 ‘직무·역량 중심의 HR’ 의 영향이 크다.

2000년대 이전 한국 기업은 회사의 ‘일’ 에 맞춰 사람을 운영하는 것이 아니라, 사람을 모아놓고 일을 나누는 식으로 운영하였다. 조직 성격에 따라 다르지만, 조직 규모가 어느 정도 커지고 체계화되면 이런 식의 운영은 지속하기 힘들게 된다. 그래서 기업들은 해당 조직의 직무, 쉽게 이야기하면 ‘일’ 을 정해놓고 여기에 맞춰 채용·평가·보상·승진·이동 등의 인사 운영을 맞추는 ‘직무 중심의 HR’ 을 도입하게 되었다. ‘직무 중심의 HR’ 이 도입됨에 따라, 기존 공채를 통해 대규모 인력을 채용한 후 인력을 배치하는 채용 관행 대신 각 직무에서 원하는 종류의 인력을 필요한 만큼 채용하는 관행이 확산되었다.

또한 직무 중심의 인사 운영이 보편화되면서 '신입' 대신 '경력직'의 선호도가 높아지게 되었다. "평생 직장은 없어도 평생 직업은 있다"는 말에서 보듯, 직무 중심의 인사 운영에 따라 각 직무 담당자는 자신의 직무에 특화되게 되고, 다른 회사로 이직 시에도 본인의 직무를 수행할 가능성이 높아진다. 따라서 신입 직원을 채용하는 것보다 기존에 시장에서 검증된 경력직을 채용하는 것이 비용 및 효과 면에서 유리하기 때문에, 최근의 기업들은 경력직의 채용을 점점 확대하는 추세이다.

'역량'이란 직장에서 높은 성과를 나타내는 사람의 특징적인 행동이나 특징을 의미한다. 이는 곧 어떤 직무에서 높은 성과를 나타내는 사람의 행동 및 특징을 누군가가 갖추게 되면, 그 사람 역시 높은 성과를 내리라는 가정을 전제로 한다. '역량'이라는 개념이 도입되면서 채용도 이전의 지필 시험 중심에서 단순 지식 이외 역량의 다른 부분, 즉 기술, 학습능력, 인성 및 기타 부분을 측정하기 위한 다양한 툴의 사용을 강조하는 방향으로 변화하였다.

이와 같은 과정에서 채용 과정이 과거에 비해 복잡해졌으며, 면접의 비중이 상대적으로 높아지게 되었다. 또한 면접의 주체가 과거 인사채용 담당자에서 선발한 인력과 함께 일할 현업관리자로 넘어가면서, 면접의 내용도 실무를 수행하기 위한 역량 및 해당 분야에 대한 이해도를 측정하기 위한 것으로 점점 바뀌어가고 있다.

이러한 변화가 구직자들에게는 적지 않은 부담으로 느껴질 것이다. 과거에는 정형화된 시험만을 대비하면 되었으나, 이제는 '내가 어떤 직무'를 원하는지에 따라 준비할 내용도 달라지며, 준비해야 할 깊이도 과거와는 비교할 수 없을 정도로 깊어지게 되었다. 또한 단순히 채용 과정만을 준비하는 것이 아니라, 인턴 등 관련 직무 경험을 갖추어야 할 필요도 높아지게 되었다. 즉 구직자 입장에서는 일찍부터 '선택과 집중’을 통해 자신이 하고 싶은 ‘일’을 정하고, 이에 필요한 역량을 갖추어야 할 필요성이 증대되었다.

구직자의 변화

예비 취업자들의 변화는 앞서 설명한 경제사회적 변화와 기업 채용 트렌드의 변화의 큰 영향을 받는다. 사회 전체적인 일자리의 증가 둔화, 경력직 채용 증가에 따른 신입 공채의 축소, ‘역량’ 개념 도입에 따른 채용 툴 고도화 등 예비 취업자들에게 부정적인 변화들이 부각되면서, 예비 취업자들은 이에 대응하기 위해 점점 더 다양하고, 훨씬 더 치열한 경쟁을 펼쳐야 하는 상황에 놓이게 되었다.

그러나 경력 개발의 수단 증가, 채용 경로의 다양화 등 예비 취업자의 상황에 따라 긍정적으로 받아들일 수 있는 변화도 있다. 최근 기업들이 신입 직원의 채용 경로의 일환으로 ‘인턴십’ 제도를 적극 활용하고 있으며, 각종 공모전이 늘어나면서 많은 예비 취업자들이 자신의 해당 분야에 대한 능력과 준비도를 과시할 수 있는 기회도 늘어나고 있다.

그러나 이러한 변화들은 일부 앞서가는 취업군에게 집중적으로 유리하게 작용하는 것이 사실이다. 평소 해당 분야에 관심이 많고 준비가 잘 되어 있는 예비 취업자들이 관련 기업의 공모전을 수상하고, 이 경력을 발판 삼아 인턴십을 얻는 일종의 ‘선순환’이 형성됨에 따라, ‘인턴십’ 또는 ‘공모전’ 등의 기회는 많은 예비취업자들에게 ‘그림의 떡’에 불과한 것이 현실이다.

또 하나의 문제는 이러한 선순환도 예비 취업자의 대학, 인적 네트워크 등에 의해 ‘세습’되는 경향이 점차 강해진다는 점이다. 일부 상위 대학에서도 취업에 유리한 학과와 학과 내 관련 동아리 등에서는 각종 공모전 수상 인원 및 관련 정보를 DB화하면서 이 테두리 바깥의 지원자가 공모전을 수상하기는 점점 어려워지고 있다. 또한 '인턴십'도 산업에 따라 다르지만 정규 채용과 달리 비공식 네트워크를 통해 선발 대상 인력 풀이 구성되는 경우가 많기 때문에, 앞서 언급한 테두리 바깥의 인력이 인턴십 지원 기회를 확보하는 일도 점점 쉽지 않은 일이 되어가고 있다. 특히 이러한 현상은 IB, 컨설팅 등 학생들이 주로 선망하는 업종에서 더욱 두드러지는 편이다.

이렇게 채용 채널, 툴의 다양화 효과가 상당부분 일부 상위권 취업군의 몫으로 돌아가면서, 예비 취업군에서도 양극화가 발생하고 있다. 물론 예비 취업군에서는 양극화의 정도가 비교적 약하고, 본인의 노력에 따라 얼마든지 극복이 가능하지만, 이러한 현상이 전체적인 신입 채용 규모의 위축과 맞물려 많은 예비 취업자들에게는 부담으로 작용하는 것이 현실이다.

어떻게 대처할 것인가?

앞서 말한 취업 시장의 변화는 크게 '규모의 위축'과 '양극화'의 두 가지 키워드로 요약이 가능하다. 이에 따라 대다수 예비 취업자들은 본인의 향후 커리어에 대해 보다 치밀하게, 보다 빨리 계획을 세우고 실행하는 것이 중요하다.

그렇다면 커리어에 대한 준비와 실행은 어떻게 하는 것이 좋을까?

이 질문에 대한 대답은 각자가 준비하는 분야에 따라 많이 달라지겠지만, 필자는 아래의 4가지를 주문하고 싶다.

첫째, 해당 분야에 대한 비전을 세워라 비전 없이도 좋은 직장에 들어

가는 것은 가능하다.

이른바 '고스펙'을 쌓는 것만으로도 운이 좋게 자신이 원하는 직장에 들어갈 수는 있다. 그러나 해당 분야에서의 커리어를 쌓아가기 위해서는 비전을 갖는 것이 필수적이다. 아래는 필자가 컨설팅했던 한 중견 건설업체 채용 담당자의 말이다.

"요새 입사하는 친구들은 다들 예전보다 학력도 높고, 준비도 많이 해서 옵니다. 일도 잘해요. 하지만 예전처럼 자기 회사에 애착을 갖고 일하는 친구들은 점점 줄어드는 것 같습니다. 자신이 가진 것과 가지지 못한 것을 비교하는 일이 많고, 기회가 생기기만 하면 이직을 하려는 태도를 많이들 가지고 있습니다."

최근 취업자들은 대개 예전보다 더 긴 기간을 거쳐 더 많은 준비를 한 후 직장에 들어온다. 그만큼 직장에 대한 기대도 높아지지만, 심해진 경쟁 탓에 그들의 눈높이를 맞춰주는 직장의 문턱은 점점 높아진다. 그래서 위의 채용 담당자의 말처럼 취업 후에 오히려 직장에 실망을 하고 방황을 하는 경우가 많아진다.

필자는 이런 현상이 많아지는 이유 중의 하나는 일반적인 '스펙 쌓기'에 대한 노력에 비해 자신이 가고자 하는 분야의 비전을 세우는 노력이 크게 부족하기 때문이라고 생각한다. 자신이 가고자 하는 분야에서 흔들림 없이 나아가고자 한다면, 그 분야에서의 본인의 비전, 즉 해당 분야와 본인의 적합성에 대한 확신, 해당 분야에서의 10년 뒤 본인의 역할 및 모습에 대해 뚜렷한 그림을 가지고 있어야 한다.

하지만 이런 비전은 본인의 결심만으로 만들어지는 것은 아니며, 그래서도 안 된다. 비전을 세우기까지는 그 분야에 대한 많은 조사, 먼저 진출한 선배들과의 만남 실제 해당 분야에서의 업무 경험 등을 통해 본인이 가진 그림을 더욱 명확히 하고, 확신을 가질 필요가 있다.

　　둘째, 해당 분야의 네트워크를 쌓아라 많은 예비 취업자들이 취업 시장에서 혼란을 겪는다. 가장 큰 이유 중 하나는, 그들이 취업 시장에서 통용되는 경쟁의 룰에 익숙하지 않기 때문이다. 학교에서의 정형화되고 수동적인 경쟁방식과 달리, 취업 시장에서는 다양한 기회를 스스로 찾고 움켜쥘 필요가 있다. 이 과정에 결정적으로 성패를 가르는 요인이 바로 네트워크이다.

　　우선 네트워크는 본인이 원하는 분야의 많은 정보를 제공한다. 앞서 말했듯 최근 다양해진 취업 채널의 정보는 비공식적인 루트를 통해 제공되는 경우가 많다. 이러한 정보는 서로 비슷한 목적을 가지고 모인 네트워크를 통해 외부보다 더 빨리, 효율적으로 전달된다.

　　또한 네트워크는 끊임없는 동기부여에 도움이 되며, 이 과정에서 본인의 비전을 세우는 데에도 큰 영향을 끼친다. 비슷한 목적을 가진 사람들의 모임은 서로 협력하는 것은 물론, 때에 따라서는 경쟁과 자극을 서로 줄 수 있는 관계이기 때문에, 자기 성장에 큰 도움이 된다. 또 같은 단계의 사람들뿐만 아니라, 본인이 걷고 있는 길을 미리 앞서 걸은 선배들의 존재를 통해 자신의 가까운 미래상 및 가시적인 목표를 세우는데도 도움을 받을 수 있다.

　　한 가지 주지해야 할 사실은 이 같은 비공식적 네트워크를 활용하는 것은 개인의 역량에 따라 많은 차이가 발생한다는 점이다. 본인이 원하는 네트워크를 찾는 능력, 네트워크의 일원이 되기 위한 적극성 및 대인 관계 능력, 또한 네트워크에서 인정받기 위한 성실성, 해당 분야에 대한 열정과 어느 정도의 전문성까지 네트워크를 활용하기 위해 필요한 능력은 다양하며, 본인의 위치에 따라 가변적이다. 그러나 이에 대해 부담을 가질 필요는 없으며, 본인이 해당 분야에 대한 열정만 가지고 있다면 모두 어느 정도는 해결할 수 있는 문제이다.

셋째, 해당 분야에서 실제적인 결과물을 만들기 위해 도전하라 자신이 원하는 분야에서 실제적인 결과물을 만들어야 하는 이유는 크게 두 가지이다.

하나, 실제적인 결과물을 목표로 하고 노력을 기울이는 것은 목표 없이 막연히 노력을 기울이는 것보다 훨씬 효과적이다. 우선 목표는 대학을 졸업했을 때의 본인 모습(최종적인 목표)과 이를 달성하기 위한 단기 목표들로 나누어볼 수 있다. 단기적인 목표는 일반적으로 관련 자격증 획득, 인턴십 경험, 공모전 수상, 해외 연수 등을 포함하며, 이 단기 목표들을 최종 목표를 달성하기 위해 조리 있게 배치하는 것만으로도 대학 졸업 시의 본인의 모습을 달성하는 데 큰 도움이 될 것이다.

이 작업을 마치게 되면, 자신이 원하는 모습이 되기 위해 갖추어야 할 조건과 역량이 분명해지기 때문에, 차후 계발 목표가 분명해진다. 그리고 이 단기적 목표들은 각자 기대하는 역량 발전과 조건 획득이 전제되기 때문에, 여기에 들이는 노력의 효과는 초점이 불분명한 노력과 비교할 수 없을 정도로 크다.

둘, 실제적인 결과물을 가지고 있어야 채용 과정에서 스스로를 드러낼 수 있다. 앞서 말했듯 예비 구직인들의 고 스펙화로 웬만한 조건으로는 스스로를 드러내기 힘들다. 남들과 비슷한 토익 점수, 비슷한 해외 연수 경험 등은 당신이 부족하지 않다는 것을 항변할 수 있을지는 몰라도, 왜 이 분야에 들어오고 싶은지, 그리고 그것을 위해 무엇을 준비해 왔는지 드러내기 힘들다.

이때 당신이 쌓은 해당 분야에서의 실제적인 경험 및 수상 경력 등을 가지고 있다면 눈에 띄는 소수가 될 수 있다. 더구나 이런 강점은 채용 과정의 후반부에 갈수록 빛을 발한다. 그때는 보통 해당 분야의 실무자 및 임원의 심층 인터뷰가 배치되어 있다. 채용 과정 앞부분에서 이미 지원자의 일반적인 자질, 소양에 대한 검증을 마쳤으므로, 이 부분에서는 지원자의 해당 분야에 대한 이해와 관심 정도를 주로 점검하게 된다. 이 때 당신이 면접관들에게 실제 어필할 수 있는 경력과 경험을 갖고 있다면, 심층 인터뷰는 당신에게 부담의 대상이 아닌 기회의 무대가 될 수 있다.

당신의 비전·네트워크·결과물을 기업에 표현하라 세 조건이 충분하다면, 지금부터 말하는 부분 역시 준비되었을 것이다.

마지막으로 말하고 싶은 부분은 당신이 이제껏 쌓아온 해당 분야의 비전, 네트워크, 결과물을 포장해 당신에게 찾아온 기회를 움켜잡는 것이다.

이 역시 당신이 원하는 분야에 따라 방법이 조금씩 다를 수 있다. 인턴십을 통해 채용을 하는 곳이라면 인턴 기회를 통해 당신이 준비해온 역량을 내보일 수 있을 것이며, 대규모 공채를 하는 곳이라면 자기소개서와 이력서로써 스스로를 드러낼 수 있을 것이다. 여기서 요구되는 것은 당신이 원하는 분야에서 중점적으로 보는 조건 혹은 역량에 대한 파악과, 이에 대응되는 당신의 조건, 역량을 채용 툴을 통해 드러내는 스킬이다. 아무리 당신이 충실히 준비해왔다 하더라도 다른 사람 역시 당신과 같은 준비를 해왔을 것이다. 또한 당신이 이제껏 준비한 것이 조금 부족하더라도 채용 과정에서 스스로를 100퍼센트 드러낼 수 있다면, 원하는 기회를 잡는 것이 불가능한 일은 아니다.

그렇기 때문에 채용 기회가 가까워 올수록 자기소개서, 이력서, 필기시험, 면접에 대한 세심한 준비가 당신이 기회를 잡느냐 못하느냐에 큰 영향을 미친다.

취업은 경력의 시작일 뿐이다

지금까지 취업 시장의 위축, 비전의 조기 설정과 이를 위한 체계적인 노력을 강조한 부분을 눈여겨 보면서 '나는 이미 늦었나 보다'고 생각할 수도 있을 것이다. 그러나 사회의 고령화에 따른 제2, 제3 경력 설정의 필요성, 한국 사회의 국제화·다양화에 따른 예측하지 못한 가능성의 증가 등을 고려해보면 1, 2년 비전을 앞서 세우고 노력하는 것보다 중요한 것은 자신이 원하는 삶에 대해 가치관을 정립하고 신중하게 기회를 탐색하는 것일 수도 있다.

즉, 남들이 좋다고 말하는 분야에 성급히 비전을 세우는 것보다는 약간 늦더라도 자신이 확신을 가질 수 있는 비전을 수립하는 것이 더 현명할 수 있다. 더구나 성급히 비전을 세우고 이에 매진하다 보면 시야가 좁아져 더 좋은 기회를 보지 못하거나, 사회 진입 후 후회하는 경우가 생길 수도 있는 노릇이다.

예비 구직인들은 남들과 비교하면서, 취업난을 강조하는 기사를 보면서 조급함을 느끼기 쉽지만, 자신의 비전을 좀 더 높은 시야에서 세우고, 장기적으로 노력을 기울이는 것이 중요하다. 취업은 경력의 시작일 뿐이다. 단기적인 목표 달성 여부에 일희일비하지 않고 자신의 비전을 달성하기 위해 꾸준히 노력하다 보면, 어느새 당신이 원하는 분야에서 인정받는 자신을 확인할 수 있을 것이다.

잘나가는 신입사원 20명이 공개하는
자기소개서 잘 쓰는 법

놓치기 쉬운 자기소개서 포인트

싸이월드 클럽에 저장해놓은 자기소개서를 살펴보니, 정확히 121편이다. 각기 다른 주제와 질문이었지만, 대부분의 내용은 비슷했다. '나'라는 사람을 표현하는 콘텐츠는 하나였기 때문이다. 그러나 표현 방식, 서술 태도에 따라 서류의 통과 여부가 갈리는 경우도 있었고, 회사에 대한 이해도나 특성에 따라 면접에서 질문이 달라진 적도 많았다. 이는 다름 아닌 각 회사의 인재상과 자신이 자기소개서 상에서 강조한 인재상과 일치하느냐 여부에 따른 것이다. 잘난 사람이 아닌, 회사에 적합한 인재로서 어필하기 위한 자기소개서 작성 요령을 몇 가지 소개한다.

적당한 자신감은 잘난 척이 아니다

자기소개서에서 흔히 겪는 낭패는 겸손이라는 키워드로 제시될 수 있다. 물론 오늘날 많은 학생들이 과도한 자신감으로 무장해 자기소개서에 근거 없는 큰소리를 치고 있는 경우도 많지만, 과도하게 겸손한 자기소개서 때문에 질문조차 변변히 받지 못하는 친구들을 보면 가슴이 아프다.

자기소개서에 담는 자신감의 수위를 표현하라면 "겸손하되 당당히 내세우라"고 말할 수 있겠다. 할 말은 하되 "네가 그리 잘 났냐"는 느낌을 과도하게 줘서는 안 된다. 자신이 성과를 낸 것에 대해서는 과감히 말을 하되, '뭐든지 내가 최고'라고 말하지 말라. 그러면 오히려 자신이 바보가 된다.

최근 대학생의 인턴십, 경력 추구 동아리 등이 강화되면서 학생들이 근거 없이 자신감에만 차 있는 경우도 많다. 몇몇 동아리에서는 구성원 상당수가 '내가 최고'라는 근거 없는 오만함에 빠져 있는 것처럼 보일 때도 있다. 이런 자신감은 독이다. 인사 담당자는 지원자의 패기를 좋게 보지 만용을 좋아하는 것이 아님을 잊지 말자.

시켜만 주면 뭐든 잘할 수 있다는 '무대뽀' 식 자신감은 금물이다. 이런 경우 '바보같다'는 평을 들을 수 있다. "시켜만 주시면 뭐든 잘하겠습니다"보다 "저는 회사의 감성 마케팅으로 30대 남성의 감성을 자극해 위축된 소비심리를 살려보고 싶습니다"라는 대답이 훌륭하다.

성과를 구체적으로 언급하라

자기소개서의 2대 명제를 꼽으라면 '성과'와 '포부'라 하겠다. 그중에서도 자신을 뽑아야 하는 이유를 가장 설득력 있게 제시하는 자기소개서에서 구체적 성과를 언급하는 것은 필수적이다. 물론 학생이 무슨 구체적 성과란 말이냐 고 묻는다면 할 말은 없다. 그러나 자신에게 주어진 상황에서 최대한의 성과는 보일 수 있어야 한다. 똑같이 주어진 4년의 대학생활을 누구는 잘 쓰고 누구는 대강 보냈다면, 둘에 대한 평가는 명약관화하다.

구체적 성과의 예로는 학내 프로젝트, 동아리 활동, 공모전, 인턴십, 해외여행, 어학연수 등을 들 수 있겠다.

공모전이 가장 좋은 예시다. 학생들이 자기 수준에서 최대한 노력한 모습을 보여줄 수 있는 것은 물론, 그 과정을 업계 관계자들에게 한 번 검증받았다는 느낌을 줄 수 있기 때문이다.

공모전 비관련분야에 취업하더라도, 회사 관계자들이 볼 때는 '이 지원자가 노력을 한 적은 있군' 하는 이상의 관심을 끌 수 있다. 그 외에 동아리, 인턴십 등도 면접관의 관심을 끌어낼 좋은 기회가 될 수 있다.

물론 대부분의 학생들이 하는 활동이 오십보백보겠지만, 기왕에 하는 활동이라면 조금이라도 재미있고, 조금 더 신선한 활동을 하는 것이 좋다. 최근 들어 스펙의 천편일률화로 인해 학생들의 자기소개서에 적힌 활동 내역이 수렴하는 양태를 보이기 때문이다.

어학연수는 미국, 인턴십은 컨설팅, 토익은 900점과 같이 찍어낸 듯한 자기소개서에 누가 관심을 보이겠는가. 어학연수보다는 친구들과 함께 준비한 자원봉사 프로젝트에 대해 서술하는 것이 좋다.

진로 목표와 청사진을 제시하라

최근 자기소개서는 지원자가 입사 후 어떤 포부를 가질 것인지를 구체적으로 묻는 경우가 많아졌다. 단순히 포부를 말하라는 것에서 벗어나, 어떤 직무를 할 것이고, 어떤 미래를 생각하는지를 서술하라는 수준으로 업그레이드됐다. 이는 최근 신입사원들의 잦은 이직에 기인한 바도 크다. 흔히 인기 있는 회사로 '점프' 하려는 지원자들이 많아, 조직 충성도가 더 높은 지원자를 가려내기 위함이다. 100점짜리 인재를 1년 교육하고 빼앗기는 것보다 90점짜리 인재를 1년 교육하고 10년 고용하는 것이 이익인 것은 당연한 일이다.

이런 경향에 맞춰 지원자들도 자기소개서에 구체적인 청사진을 녹여내야 한다. 청사진은 단기와 장기 청사진을 각각 언급해줘야 한다. 단기 청사진의 경우 입사 후 지원자가 낼 수 있는 성과에 대해 구체적으로 언급해줄 수 있는 한편, 장기 청사진의 경우 회사의 미래에 대한 지원자의 고민이나 앞으로 조직에의 몰입도, 충성도는 어느 정도인지에 대해 제시할 수 있다.

청사진에서 가장 중요한 것은 회사에 대한 지식이다. 지원 회사에 대한 언론 보도를 꼼꼼하게 챙겨보는 것은 물론, 홈페이지 등의 공개 자료와 상장회사의 경우 회계보고서 등을 챙겨봐야 한다. 가능하다면 해당 회사의 현직자와의 깊이 있는 대화를 통해 회사의 당면 과제와 최근 동향에 대한 고민도 녹여내야 한다.

단점 칸엔 단점을 쓰라

지원자들이 가장 많이 하는 오류 중 하나가 바로 '변명의 오류' 다. 최근 기업들은 '보완점을 쓰라', '실패 경험을 쓰라', '위험을 극복한 사례를 쓰라' 는 등의 문항으로 자신의 단점을 털어놓기를 유도하고 있다.

결론부터 말하면, '단점은 솔직히 말하되 치명적 약점을 제시하지는 말라' 고 말하고 싶다.

그러나 대부분의 지원자들은 단점을 가장한 장점을 말하는 오류를 범하는 경우가 많다. 물론 필자의 경우에도 그런 경험이 있다. 그러나 읽는 입장에서 '할 말은 한다'는 단점이나 '원칙을 고수하는 단점'에 공감하는 사람이 얼마나 있을까.

단점은 단점으로 솔직히 털어놓되, 이를 극복하기 위한 노력을 제시하는 것이 오히려 솔직하다.

약간 변형된 형태로 위험을 극복한 사례를 쓰라고 하는 문항의 경우 '실패에 대한 솔직한 인정'과 '극복에의 노력', '경험을 통해 얻은 교훈'을 적절히 배분해 서술하는 것이 좋다.

이하는 객원저자 강세원 씨가 S그룹에 낸 자기소개서의 일부다.

보완점(단점을 장점으로 바꾼 경험)

실행코자 할 때 뒤도 안 돌아보고 급하게 추진하는 단점이 있습니다. 추진력이 저의 강점이라 생각하였는데 뜻밖에 그런 부분이 자칫 치명적인 단점으로도 다가올 수 있다는 것을 느꼈습니다. 신중함과 여러 경우의 수를 생각해야 완성된 결과가 나온다는 것을 느끼면서 대학, 군대, 어학연수 시절에 최대한 많은 사람들과 더불어 지내고 그들의 다양성을 인정하려고 노력했습니다. 그 덕분에 지금은 더 합리적으로 생각하고 적절한 시기에 추진력 있게 실행하는 사람이 되었습니다.

짧지만 자신의 단점을 솔직하게 나타낸 자기소개서다. 강 씨는 또 자신의 단점이 가져올 수 있는 상황을 상정하는 것은 물론, 이를 개선할 방법, 자신의 변화 등을 집약적으로 나타냈다.

자기소개서는 스펙이다

자기소개서와 스펙은 뗄 수가 없는 존재다. 대학 생활 동안 자신이 걸어온 길이 소위 스펙이며, 자기소개서는 자신의 이야기와 강점을 담는 그릇이기 때문에 양자가 일맥상통한다고 볼 수 있다. 2편의 자기소개서를 통해 어떻게 스펙을 쌓아야 하는지에 대해 생각해 보자.

아래 내용은 객원저자 이정은 씨의 이력서와 자기소개서 중 일부다. 스펙에 대한 가장 좋은 예시라 사료돼 소개한다.

1. 자신이 가진 열정에 대하여

조직의 구조나 시스템이 아무리 잘 짜여 있어도 그 조직 안에서 움직이는 '사람'을 제대로 관리하지 못하면 결국 그 조직은 실패하게 됩니다. 쓰면 소진되는 다른 자원과 달리, 인적 자원은 활용하고 계발할수록 더 많은 부가가치를 창출할 수 있는 소중한 자원입니다. 조직의 지속 가능한 경쟁 우위를 가져다 줄 수 있는 HRM에 대한 비전과 열정으로, OO전자의 끊임없는 가치 창출에 적극적으로 기여하고 싶습니다.

2. 본인이 이룬 가장 큰 성취에 대하여

경영학을 전공하면서 수행한 프로젝트 중 가장 기억에 남는 프로젝트는 2007년 2학기에 수행한 "열대 낙원 레스토랑, 카후나빌" 프로젝트입니다. 각 지점장님들 및 CEO와의 직접 컨택을 통해 공동 프로젝트 형식으로 진행했으며, 폭넓은 시장 조사를 바탕으로 카후나빌이 나아가야 할 방향과 구체적인 개선점에 대해 저를 비롯한 조원들도, 또 카후나빌 측도 만족할 만한 결과물을 내놓을 수 있었던, 뜻깊은 프로젝트였습니다.

3. 본인의 가장 큰 실패 경험에 대하여

고등학교 3년간 공부에만 매진했습니다. 피나는 노력 끝에 수능시험을 치렀으나, 시험 당일 긴장을 심하게 한 탓에 원하는 만큼의 성적을 얻지 못했고, 그 결과 하고 싶던 경영학이 아닌, ‘점수가 낮은’ 전공을 선택하여 대학에 입학했습니다. 억울했고, 3년간의 노력이 하루에 물거품으로 돌아갔다는 사실이 분했습니다. 재수를 고민하던 중, 본 대학에 전과라는 제도가 있다는 것을 알고, 학점 관리에 총력을 쏟아 경영학으로 전공을 바꿀 수 있었습니다.

4. 본인의 역량에 관하여(Global 감각/전문지식)

전공인 경영학에 남다른 애정을 갖고 학부 4년간 치열하게 공부했습니다. 특히 HR과 조직행동론에 관심이 있어 따로 책을 통해 공부했고, 수업에서 수행한 여러 프로젝트를 통해 책에서 배운 지식을 실제에 적용하는 능력을 체득했습니다.

1년간의 외국생활을 통해 영어 커뮤니케이션 능력을 발전시킨 것은 물론, 다른 문화적 배경과 관점을 가진 사람들을 이해하고 존중하면서도 제 생각을 명확히 표현하는 방법을 배웠습니다.

5. 본인의 성격에 관하여(약점/강점에 대하여)

제 성격을 한 단어로 요약한다면 ‘성실함’ 입니다. 어쩌면 고집스럽다고 할 만큼 늘 주어진 일에 최선을 다하고, 완벽을 기하려 애씁니다. 결과가 어떨지언정 과정에 무조건 최선을 다하고 봐야 성이 풀리는 체질인지라, 마음의 여유를 갖는 것이 참 힘듭니다. 몸이 바쁘지 않을 때에도 무언가 가치 있는 일을 해야 한다는 강박관념에 시달리지만, 그 성취욕이 오히려 제가 계속해서 목표를 이루고 앞으로 나아갈 수 있는 원동력이 되어 준다고 생각합니다.

6. 본인의 10년 후 계획에 대하여

지금으로부터 10년 후, 현업에서 왕성하게 활동하는 HR 매니저 혹은 컨설턴트가 되고자 합니다. 몸담고 있는 조직의 특성에 맞게 최적의 성과를 가져올 수 있는 전략적 HRM을 수행하고, 더 나은 인사 시스템의 구현

우선 이 씨는 우등생의 기본 스펙을 두루 갖췄다. 높은 학점은 물론,
토익점수와 교내 우등상까지 차지했다. 혹자는 지나치게 높은 성적이
'공부만 했나', '사회성에 문제있나' 등의 의심을 불러일으킨다고 하지
만, 성적이 높은 것은 결코 결점이 될 수 없다.

학생 자치 활동에서도 소위 '기본' 이상을 했다. 최근 학생들의 대외
활동 증가로 인해 상당수의 지원자들이 학내외 동아리에서 활동을 한
것은 물론 시민단체에서 다양한 활동을 하고 있다. 지원자들은 자신의
취향과 지원 회사에 맞게 다양한 활동을 하고, 또 이를 통해 어떤 가치
를 실현할 수 있는지, 면접장에서 '나는 이렇다'는 특색을 나타낼 수 있
을지를 고민해야 하겠다.

실무경험 역시 빼놓을 수 없다. 위의 자기소개서는 이정은 씨가 인턴
십을 하기 직전의 자기소개서로, 실무 경험이 약간 빈약하게 들어갔지
만, 그는 이후 한 유명 컨설팅 회사에서 프로젝트를 경험하면서 대학생
으로서 갖출 수 있는 상당한 경험을 쌓았다. 또 이 씨는 대학 경영학 수
업 프로젝트를 그럴 듯하게 언급했다. 경영학 수업에서의 프로젝트 역
시 인사담당자나 면접관에게는 신선하게 다가온다. 상당수의 학생들이
쉬운 수업만 들으려 하는 상황에서 실제로 기업을 연구하는 케이스 스
터디를 했다는 점이 인상적이다. 또 학생들의 프로젝트 제의를 순순히

받아주지 않는 기업을 설득해 케이스 스터디를 했다는 점 역시 지원자의 노력을 엿보이게 한다.

경영학 전공임에도 JLPT 2급을 취득한 것이나, 학생들 사이에서 흔하지 않은 MS access를 다룰 줄 아는 것도 플러스 요인이다. 경영학과 우등생 답게 SPSS 능력도 갖췄다.

사실 이정은 씨의 자기소개서를 공개하기로 결정하면서 고민이 많았다. 당장 4학년인 학생들이 이런 스펙을 갖춘다는 것은 사실상 어려운 상황에서 위화감만 조성하는 것은 아닌가 걱정했기 때문이다. 그러나 1~3학년 독자들이 롤 모델로 삼을 만한 경력이기에 과감히 소개했다.

다음은 필자의 한 후배가 쓴 자기소개서다. 앞서 실은 이정은 씨의 자기소개서에 비해서는 다소 심심한 감이 있는 서술이다. 그러나 일반적인 독자들이 벤치마크 대상으로 삼기에는 더 적합한 스펙이라 사료돼 제시한다.

어렸을 때부터 유독 숫자를 좋아했던 저는, 고등학교 때 경제학을 배우면서 자본의 흐름에 관심을 갖게 되었습니다. 그 후 경영학도로 대학생활을 시작하면서 조금씩 자본을 바라보는 여러 가지 방법에 대해 배울 수 있었고, 보다 많은 것을 배우고 실천하기 위해 OOO에 지원하게 되었습니다.

저는 대학에 와서 많은 활동을 통해 다양한 경험을 하였습니다. 약 40대 1의 경쟁률을 뚫고 OO은행 대학생 홍보대사로 선발되어 활동하면서, 일반 학생들이 경험하기 힘든 독거노인 배식활동, 음악회 도우미, 북한산 홍보 활동 등을 하였으며, 이를 통해 고객 지향적인 홍보정신을 몸소 체득하였습니다. 또한 CAPP와 같은 경력개발과정(기업방문, 명사 특강 등)에 참여하고, MOUS Master등의 컴퓨터 자격증 취득을 통해 사회에서 요구하는 인재가 되고자 부단히 노력하였습니다.

또한 저는 교내, 외적으로 전공과 관련한 공부를 충실히 하였습니다.

학교에서는 다양한 경영학 관련 과목을 수강하였으며, 학점이 비록 매우 높지는 않지만, 현재로서는 우등 졸업은 가능한 상황입니다. 학교 외적으로는 O&O라는 연합 경영전략 동아리에서 논리 및 경영전략에 대해서 현재까지 공부를 하고 있고, 전경련에서 후원하는 EIC라는 동아리를 통해 시장경제 전반에 대해 배우는 기회를 가졌습니다.

또 KT&G 마케팅 스쿨 2기를 수료하면서, 브랜드 마케팅 전반에 대해 공부하였으며, IBM GBS라는 컨설팅 기업에서 일하면서 제가 여태까지 배운 것들을 실제 업무에서 확인하고, 부족한 점을 스스로 깨달아 보완하는 시간을 가졌습니다.

한편 저는 스스로 장점이라고 감히 말씀 드릴 수 있는 성실성과 리더십을 인정받아, OO대학교 경영학과 OO고등학교 동문회장직을 과거 1년 동안 수행하여 동문회를 성공적으로 운영하였다는 평가를 받았으며, 현재는 O&O에서 가장 성실성이 요구되는 직책인 HR Manager를 맡고 있습니다.

이러한 저의 취미, 활동, 성격 등을 종합해 보았을 때 제 스스로가 OOO과 많은 가치를 상호교환 할 수 있다고 생각합니다. 물론 아직 부족한 면이 많은 학생이지만, OOO의 선배들께서 저에게 일할 수 있는 기회를 주신다면 OOO에서 성장하고, 더 나아가 기업의 발전에 기여할 수 있는 인재가 될 것이라고 자신하고 있습니다.

마지막으로 저를 채용하여 주신다면 자신의 성장을 꾀하는 것은 물론, OOO의 발전에 이바지 할 수 있는 사람이 되겠습니다.

이상으로 자기소개서를 마치겠습니다. 읽어주셔서 감사합니다.

H군은 다양한 대외활동을 한 점이 눈에 띈다. OO은행 홍보대사 활동을 적절히 살렸다. 독거노인 배식활동은 정말 매력적인 키워드다. 어떤 기업이 '독거노인 배식활동'에 대해 부정적인 입정을 볼 것인가. 물론 언제부터 언제까지 어디서 배식활동을 했는지를 언급했다면 더 좋을 것이다.

그러나 위 자기소개서에서는 서술이 불친절하다는 점이 아쉽다. CAPP가 무엇인지, EIC가 무엇인지를 정확히 제시하지 못했다. IBM GBS에서도 어떤 인턴활동을 했는지 개략적으로라도 제시했다면 면접관이 지원자에 대한 그림을 그리는데 도움이 될 것이다.

이 후배의 자기소개서는 지원자들에게 요구되는 자격증이나 인턴 등 실무경험, 봉사활동 등을 두루 언급했다는 점에서 무난한 느낌이 든다. 자신이 수행한 프로젝트나 봉사활동, 여러 경험에 대해 더 구체적으로 서술하되, 읽는 맛이 나도록 재미있는 도입부를 구성했다면 충분히 호평이 예상된다.

면접관의 질문을 이끌어내라

아래의 내용은 객원저자 한진수 씨가 H그룹사 공채에서 "학교생활에서 일반적으로 경험하기 어려운 특별한 체험이나 남다른 성취가 있다면 기재하여 주시기 바랍니다"란 칸에 쓴 자기소개서의 일부다.

한 씨의 자기소개서는 중국 여행 가이드 당시의 질문이 자연스레 유도된다. 면접관이 보기에 특이한 경력이라 할 수 있는 여행 가이드에 대해 '무엇을 했나', '어떤 것을 느꼈나' 등의 질문이 예상 가능하다. 힙합동아리의 경우 다소 진부한 감이 없지 않다.

교내 동아리의 경우 특이한 사회활동을 했거나 외부 단체, 예컨대 기업과 함께 합동 프로젝트를 하는 수준은 되어야 하겠다.

저는 반장의 경험이 초중고 통틀어 겨우 3번뿐입니다. 대학교에 와서 과대표를 해보긴 했지만, 개인적으로 평가하자면 남들을 이끄는 부분은 만족스럽지 못 한 듯합니다.

그러나 남을 이해하고 같이 나아가는 일에는 자신이 있습니다. 중국을 너무 좋아하여 방학 때마다 중국에 방을 얻고 체류를 하던 때에 잠시 여행업에 관심을 가지게 된 적이 있어 중국 여행 가이드를 하였습니다. 맘에 들지 않는 음식점 섭외문제나 이른 아침의 픽업, 쇼핑 중심으로 이루어지는 일방적인 일정 등 해외 패키지 여행에서 빈번히 일어나는 고객과의 마찰, 항의에서 유연한 처리로 호평을 받았습니다.

또 제가 총무로 활동하며 창단한 교내 합합 동아리는 5년 간의 노력 끝에 학교 내 정식 동아리로 공인을 받았고 학교의 지원도 받았습니다.

리더보다는 참모 스타일인 저는 남들과 어우러져 목표를 극대화시키는 일이라면 자신있습니다. 저는 중국 체류 시절의 경험과 대학 클럽 창단 등의 경험을 바탕으로 다양한 상황에서 대처하는 방법을 체득할 수 있었습니다.

읽는 재미를 더하라

필자가 아끼는 후배의 자기소개서 중 일부다. 이 후배는 사보 스타일의 구성 방식을 제시해 자칫 밋밋하고 지루하게 읽힐 수 있는 '10년 후 미래'라는 키워드를 재미있게 풀어나갔다.

사보 스타일 외에도 위키피디아의 형태를 원용해 자신의 커리어를 백과사전처럼 서술하는 방법, 자녀에게 전해주는 부모의 이야기를 스크립트 형식으로 제시하는 등 방법은 다양하다. 물론, 오버를 해 오히려 가독성을 떨어뜨리는 것은 금물이다.

2017년 10월, 한국얀센 사보에 실릴 글로 대전 사업부 10년 연속 매출 성장의 큰 공로자인 OOO 팀장의 이야기입니다.

"언젠가 한번은 의사선생님이 자꾸 안 만나 주시는 거예요. 며칠을 기다리다 안 되겠다 싶어서 특진을 잡아 진료실로 들어갔습니다. 당시 깜짝 놀라셨지만 제 재치에 유쾌하셨고 돈독한 거래처로 남는 비결이 되었습니다."

고객의 요구에 결코 NO라고 말하지 않는 프로 서비스정신이 무엇보다도 필요한 직업이라고 말하는 이 과장은 가장 중요한 것은 고객의 입장이 되어 생각해 보는 것이다.

"항상 시간이 부족한 의사선생님들과의 만남이 지속되려면 그 만남이 지겹지 않도록 되도록이면 간결하고 똑 부러지는 설명이 중요합니다. 고객을 알고 나를 안다면 이길 수 있다는 생각에 고객의 니즈를 분석하는데 집중했고, 이는 고객의 얀센 사랑으로 이어진 것 같아 보람을 느낍니다."

제가 생각하는 10년 후 미래입니다. 한국얀센에서 다양한 고객욕구를 분석해 고객과 눈높이를 나란히 하고, 이에 부응하는 피드백을 제공하겠습니다. 특히 충남, 충북지역 영업과 마케팅을 책임지는 영업전문가로 저와 한국얀센이 함께 성장하는데 일조할 것을 약속드립니다.

애매하게 쓰지 마라

필자가 예전에 동아일보 업무직(경영지원실, 광고국 등 경영부서 배치)으로 냈던 자기소개서의 일부다.

다소 추상적으로 흐를 수 있는 '직업관' 에 대한 문항이다. 직업관에 대한 본인의 소신을 나타내려고 노력했지만, 본 자기소개서에서는 두 가지가 결여돼 있다.

우선 구체성이 결여되어 있다. 면접관의 입장이라면, 저런 직업관을 갖게 된 계기가 있지 않을까 궁금해할 수 있다. 그러나 필자는 직업관이란 무엇인지에 대해 본인의 이론만 펼칠 뿐, 그 연유에 대해서는 말하지 않았다.

또한 직업관을 통해 자신은 어떻게 직무를 펼칠 것인가에 대한 대답이 없다. 동아일보와 같은 언론사는 물론이고, 공사, 공단과 같은 공기업의 경우도 마찬가지다.

공익적 기업에 지원하는 사람으로서 어떤 직업관이 있고 어떤 포부를 펼칠 것인지를 묻는 질문이다. 그러나 필자는 이를 알아채지 못하고 논의를 진전시키지 못했다.

추상적인 질문이라도 구체적으로 쓰고 실제 에피소드와 자신의 구체적 방안을 언급하려는 노력이 절실하다.

'여중·여고·여대' 내세우지 마라

각종 고시에서 여성 파워가 거세진 것은 이제 새삼스럽지도 않다. 여성 상위시대라는 말도 나온다. 그러나 아직도 우리 사회에서 여성은 약자다. 잘난 여성은 '상위 시대'겠지만, 평범한 여성은 약자라는 뜻이다. 그 약점을 강화시키는 자기소개서 상 표현이 있기에 짚고 넘어가고자 한다.

'여중·여고·여대'의 함정 초짜 여학생과 고수 여학생을 나누는 기준 중에 하나로 '여중·여고·여대'가 널리 알려진다. "저는 여중·여고·여대를 나와 많은 교우 관계를 나눠보지 못한 점이 단점입니다. 그것을 극복하기 위해…." 극복했으면 쓰지 마라.

감정을 절제하라 몇몇 여성 지원자를 보면 감정에 호소하는 오류를 많이 보인다. 슬픈 경험을 쓴다든가, 소비자의 감성까지 달래주는 인재가 되겠다는 식의 서술은 자제가 필요하다. 상당수의 여성 지원자들이 너나 할 것 없이 감성 마케팅 전도사를 자처하는데 차별화가 되겠는가. 차라리 절제된 어조로 자신의 포부를 크게 말하라.

혹자는 남성이 쓰는 감정적 이야기는 별 터치를 안하고, 여성이 쓰는 이야기에 대해 언급하냐고 물을지도 모른다. 대한민국은 아직 남성본위의 사회다. 따라서 같은 행동이라도 여성이 하면 그 편견의 맥락 속에서 '여성이라서 감정에 호소하냐' 는 답변이 나온다.

과도한 비여성성은 독毒이다 예전에는 명예남성성이라는 것이 일종의 훈장처럼 느껴진 적이 있었다. '남자들과 당당히 경쟁하여…' 라는 문구를 자랑처럼 여겼다. 그러나 오늘날은 훌륭한 여성이 되는 것이 아젠다지, 남성이 되는 것이 아젠다가 아니다. 같은 논리로 과도하게 남성들과의 경쟁, 그 속에서의 경쟁력, 투지를 강조하면 오히려 독불장군 같은 이미지를 줄 수 있다. 차라리 조화 속의 리더십을 강조하는 것이 좋겠다.

스스로를 조직 부적응자로 만들지 마라 단점 항목에 집단 문화에 잘 적응하지 못하는 문제점이 있다고 쓰는 여성 지원자가 있다. 자살행위다. 회사는 집단문화가 없을 수가 없다.

군대 안 갔다 온 것은 벼슬도, 죄도 아니다 이것은 주로 면접에서 많이 나오는 오류다. 면접관이 '여성은 군대를 다녀오지 않았기 때문에…' 라는 생각을 자신에게 들이댈 것이라고 지레 짐작하고 나오는 오류다. 괜히 조직 적응력을 언급한다던가, 강인한 체력, 정신력을 언급하는 등의 행동이다. 당당해져라. 군대 다녀온 '저돌남' 보다 알파걸이 우대받는 시대다. '온 몸으로 부딪혀', '강인한 체력으로 몇 달이라도 밤을 새서…' 등의 표현은 쓰지 마라. 사무직이 어딜 부딪히고 어디서 몇 달을 샌단 말인가.

많은 취업생들이 범하기 쉬운 오류는 무조건 잘 보이려는 태도다. 그러나 자기소개서에서 가장 중요한 것은 자신을 솔직히 소개하되 자신감을 잃지 않는 태도다.

진실성보다 포장에 많은 공을 들여 통과해봤자 면접에서 날카로운 면접관의 눈을 속이는 일은 쉽지 않기 때문이다.

3장에서는 실제 기업에 제출된 자기소개서를 분석함으로써 가장 효과적으로 자신을 어필하는 방법에 대해 살펴보자.

잘나가는 신입사원 20명이 공개하는
자기소개서 잘 쓰는 법

+03 자기소개서의 실제

'백문이 불여일견' 이라는 속담은 뻔하지만 유구하게 내려오는 격언이다. 아무리 설명해도 실제 예시가 없으면 이해와 응용의 정도가 다르기 때문이다. 자기소개서도 마찬가지다. 구구절절한 설명이 가득한 자소서 작성법보다 선배가 몇 개 던져준 샘플이 더 효과적이다. 여기에 선배의 귀띔이 있다면 금상첨화다. 저자들은 그동안 숨겨온 자기소개서를 모았다. 그리고 자기소개서에 대한 솔직한 자평을 내놓았다.

본 장을 통해 독자들은 어떻게 자기소개서를 쓰고, 어떻게 면접관으로부터 질문을 이끌어낼 수 있는지, 감을 잡을 것이다. 어느 정도 내공이 있는 독자들은 각각의 자기소개서가 어떤 장단점이 있는지, 어떤 문구에서 어떤 질문을 이끌어낼 수 있을지를 음미할 수 있다. 대학 저학년이나 초보자의 경우에는 본 장의 자기소개서 몇 편을 필사해보는 것도 한 방법이다.

1. 자기소개(성격, 생활신조, 취미, 특기, 학교생활)(10라인 500자 이내)

"흐르지 않는 물은 고여서 웅덩이가 되지만, 흐르는 물은 모여서 바다가 된다." 여기에서 바다라는 말이 제가 살아가는 모습을 가장 잘 나타내주는 단어라고 생각합니다.

변화에 능동적으로 대처하지 않고 안주하는 삶은 그 그릇의 크기를 제한할 뿐입니다. 변화에 앞서 나갈 뿐만 아니라 주위와의 화합을 통하여 그 무한한 가능성을 지닐 수 있는 바다가 될 수 있는, 고여 있는 물조차 그 바다로 이끌어 나갈 수 있는 마중물이 될 사람이 바로 저 신정수입니다.

지금은 ○○대학교 총 취업대책위원장을 맡고 있으면서 학우들의 취업에 도움이 될 수 있도록 행사를 기획하고 있습니다. 그와 함께 졸업한 동문들과 교수님을 비롯한 학과의 선후배 간의 유대관계를 위한, 그 누구보다 튼튼한 다리 역할을 하고자 노력하고 있습니다. 지금까지가 아마추어였다면 지금부터는 진정한 프로의 세계로 들어서는 것입니다. 끊임없는 도전과 치열한 경쟁이 함께하겠지만, 현대기아자동차라는 이름의 길을 통해 도전을 하고 싶습니다.

2. 지원동기 및 입사포부(10라인 500자 이내)

급변하는 사회구조 속에서 경쟁력 없는 기업은 살아남지 못하고 있습니다. 그 가운데 현대기아자동차는 높은 브랜드 인지도 및 품질, 강력한 유통구조, 다양한 차종 등의 강점을 통해 글로벌 기업으로서의 이미지를 확고히 하였습니다. 하지만 강성노조의 존재로 인한 노사분규라는 약점 또한 지니고 있습니다.

치열한 기업 경영환경 속에서 핵심인재확보 및 육성과 인력활용의 유연성 확보, 효율적 성과보상관리에 어느 정도의 중요성을 인지하고 투자하느냐에 따라 기업의 경쟁력제고와 이익극대화가 달성될 것이라 생각합니다. 저는 인사부서가 그 핵심역할을 수행한다고 확신합니다. 현대기아자동차가 신뢰경영, 투명경영, 현장경영의 이미지를 구축하는 데 기여하고자 KTF와 신한은행에서의 인턴십 활동을 통해 사람을 대하는 방법을 배웠습니다. 제가 가지고 있는 능력이 완벽하다고는 할 수 없습니다. 하지만 항상 배운다는 자세와 어떠한 일도 끝까지 해내겠다는 굳은 의지를 바탕으로 최선의 노력을 다하겠습니다.

3. 자동차관심도 및 관심전공과목 소개(15라인 700자 이내)

인간이 발명한 많은 것들 중에서 공간의 제약을 뛰어넘게 해주는 최고의 발명품은 자동차입니다. 이제는 걸어서 먼 거리를 이동하는 것은 상상도 못할 일입니다. 자동차가 없는 집은 찾아볼 수 없고 운전은 기술이 아닌 기본이 되었습니다.

운전병으로 있었던 군복무기간은 자동차에 무지했던 저에게 승용차에서부터 45인승 버스와 12톤 트럭에 이르기까지 다양한 차종을 경험하게 해주었습니다. 뿐만 아니라 그 차량의 정비에 필요한 부품을 구매하는 업무까지 담당하게 되면서 보다 깊은 관심을 갖게 되었습니다. 이러한 관심은 업무가 없는 날이면 정비공장을 찾아가 각종 차량의 정비에 관해 배우고, 그전에는 전문 지식이 없었음에도 불구하고 자동차정비 기능사를 획득할 수 있었던 원동력이 되었습니다.

지금까지 글로벌 경영정보시스템, 글로벌 사례연구, 글로벌 경영전략, 국제경제, 국제경영 등의 수업을 통해 글로벌 비즈니스 모델에 대한 생각을 정리할 수 있었습니다. 교수님의 권유로 들어가게 된 "신국제통상지식센터"에서 정통부 협의과제 "IT인력과 자격증수요" 연구에서 민간자격증 분야를 맡아 조사하는 것을 시작으로, 시간이 지남에 따라 그 업무성과를 인정받아 OO대학교 "신국제통상지식포털" 구축에 있어서 총괄적인 컨텐츠 연구와 현재 취업진로지원처에 구현되어 있는 경력개발계획CDP에 대한 연구를 진행하게 되었습니다.

4. 동아리활동·연수경험·교육사항·아르바이트·수상경력·

(15라인 700자 이내)

국제통상학회로 시작된 대학생활은 저에게 많은 것을 알려주었습니다. 세미나와 학술제 등을 통하여 기업연구와 마케팅, 전략 방안 등에 대해 지속적인 학습을 했습니다. 이는 발표와 토론, 프레젠테이션을 통해 커뮤니케이션 능력을 강화할 수 있는 좋은 기회가 되었습니다.

세상을 보다 넓고 깊게 볼 수 있는 안목을 키우기 위해 KTF와 신한은행에서 행하는 인턴십 과정을 통해 기업문화를 체험해보고 프로젝트를 수행하며 많은 사람과의 만남을 저 자신의 성장 밑거름으로 삼을 수 있도록 노력했습니다. 저의 부족한 점을 보완해 줄 사람들과 함께 팀을 구성하여 철저한 준비를 통한 뛰어난 수행능력을 발휘하고자 노력했습니다. 야학을 통해 학교에서는 배울 수 없는 다양한 삶의 모습을 보았습니다.

지금은 OO대학교 총 취업대책위원장을 맡고 있으면서, 학우들의 취업에 도움이 될 수 있도록 행사를 기획하고 있습니다. 그와 함께 졸업한 동문들과 교수님을 비롯한 선후배들 간의 유대관계를 위한, 그 누구보다 튼튼한 다리 역할을 하고자 노력하고 있습니다.

인턴십 과정에서의 회장역할, 많은 프로젝트들, 학생들의 취업을 위해 노력하는 취업대책위원장에 이르기까지 많은 사람들을 상대하고 함께 일하며 받았던 많은 믿음을 지켜왔습니다. 이러한 경험들은 현대기

아자동차에 입사 후 화합을 바탕으로 한, 어느 누구보다 빠른 적응력과
성과를 보여줄 수 있는 밑거름이 될 것입니다.

객원저자 신정수 씨의 현대기아자동차 자기소개서다. 평소 출중한
실력과 리더십으로 원하는 회사에 입사한 신 씨의 자기소개서에도 아
쉬운 점은 있다. 탈락하지 않은 것은 자기소개서 상 아쉬운 점을 넘는
실력 때문이다.

● 장점

구체적인 키워드가 돋보인다 대학교 총 취업대책위원장, KTF와 신한
은행 인턴십 등 소위 구체적인 성과가 키워드로 눈에 들어온다. 몇몇 회
사에서는 암암리에 키워드 위주의 자기소개서 전형을 실시하기도 한
다. 수만 명의 지원자가 쓴 자기소개서를 일일이 읽어보는 것은 현실적
으로 불가능하기 때문이다. 따라서 주요 키워드에 밑줄을 그으며 넘겨
보는 경우가 종종 있다. 이런 경우, 본 자기소개서처럼 구체적인 키워
드가 있는 자기소개서는 유리하다.

인상 깊은 경험 사실 대학생이 학교에서 지식포털을 구축한다고 치
더라도, 그 역량은 아마추어 수준이다. 그런데 왜 이런 경험을 쓸까? 실
제로 면접장에서는 이런 내용이 크게 어필하는 경우가 많다. 많은 지원
자들은 '저런 내용은 질문을 많이 받고 나는 왜?' 라고 생각한다.

그 이유는 '작은 일을 주도적으로 해본 사람이 큰 일도 할 수 있다' 는 논
리 때문이다. 아무리 작은 범위, 쉬운 일이더라도 책임감과 리더십을 겸비
해 수행하는 모습을 보는 것이다. 대졸 신입공채는 경력직 모집이 아니다.

대학생다움이 느껴진다. 정비공장, 야학 이야기는 대학생다운 풋풋함이 물씬 느껴지는 소재다. 아무리 요즘 기업들이 실력이 완비돼 있는 인재를 찾는다고 하더라도, 신입 사원의 본령은 '신선함'과 '패기'라 할 수 있다. 대학생다움을 잃는 순간, 지원자는 큰 점수를 잃게 된다. 본 자기소개서는 자신이 갈고 닦은 실력을 드러냄과 동시에, 간간이 신입다운 맛을 느끼게 해준다는 장점이 있다.

● 단점

반복적 서술 처음과 끝이 반복적이다. 사실 학교에서 총 취업대책위원장을 한 경험은 두 번이나 서술할 정도로 큰 일이 아니다. 물론 중요한 커리어일 수는 있으나, 인사담당자의 입장에서 그리 주목할 만한 일은 아니다.

앞부분의 잉여적 표현 지원자들이 흔히 범하는 오류다. 각 항목별 앞부분에 시장 내지는 사회에 대한 리뷰를 달고 이를 바탕으로 다음 문단에서 자신의 논리를 펼친다. 그러나 이는 지면 낭비다. "인간이 발명한 많은 것들 중에서 공간의 제약을 뛰어넘게 해주는 최고의 발명품은 자동차"라는 식의 서술은 불필요하다.

불필요한 군대 이야기 남자들은 군대 이야기를 쓰지 않는다고 생각하라. 예비역은 누구나 자기가 가장 힘들게 군생활 했다고 믿으려는 경향이 있다. 식상해 보인다.

이하는 필자가 2006년 10월 현대기아자동차 해외영업 부문에 응시할 때 제출한 원서다. 당시 서류 전형과 면접 전형을 합격했다.

1. 자기소개(성격, 생활신조, 취미, 특기, 학교생활)(10라인 500자 이내)

반갑습니다. 현대기아자동차의 해외영업 직군에 지원한 ○○○입니다. 저는 할 말은 하되, 예의와 정직을 지키는 것을 평소 생활신조로 삼고 있습니다. 여군 출신의 어머니 밑에서 자라 상사에 대한 예의와 정직의 가치를 배우기도 하였지만, 항상 고객 또는 상사에게 목적 적합한 정보를 보고하고, 필요하다면 부정적인 측면도 과감히 말하는 데 주저하지 않았습니다.

성격은 활발한 편입니다. 여행을 좋아하고 새로운 사람을 만나는 것을 좋아하여, 상담과 발표를 특기로 살리고 있습니다. 중학교 시절에는 정신 지체 학우의 학업을 도와 서울시 모범학생으로 선정되기도 하였고, 고교 시절에는 환경부장을 맡아 봉사상을 받았으며, 대학에 들어와서는 후배들의 회계 공부를 돕는 튜터링 봉사활동을 하는 등 타인에게 작지만 반드시 도움이 되는 사람이 되려고 노력했습니다.

2. 지원동기 및 입사포부(10라인 500자 이내)

수출한국을 이끄는 현대기아자동차를 동경했습니다. 7,80년대부터 오늘날까지 수출한국의 원동력은 자동차 산업이었고, 오늘날 국내 유일의 토종 자동차회사이자 동시에 아시아 최고의 메이커로 거듭나는 현대기아자동차는 그 정점에 서 있습니다. 저는 이러한 현대기아차의 활약에 매료되었고, 저 역시 현대기아자동차를 세계에 알리는 해외영업을 담당하고 싶었습니다.

현대기아자동차의 슬로바키아 투자가 공시되기 전인 2003년 초에, 슬로바키아의 질리나 대학에서 IT 교육봉사단 최종허가를 받았습니다. 비록 한국인터넷진흥원 심사에서 탈락해 무산되었지만, 당시 슬로바키아 교수진과 교류하면서 보았던 동유럽의 잠재력을 현대기아자동차에서 실현해 볼 수 있겠다는 생각이 들었습니다. 현대기아자동차의 일원이 된다면, 잠재적 시장인 동유럽, 더 나아가 구 소련 전체를 현대기아자동차가 휘젓고 다닐 수 있도록 제 모든 역량과 열정을 바치고 싶습니다.

3. 자동차관심도 및 관심전공과목 소개(15라인 700자 이내)

자동차의 구조에 대해서는 잘 모르지만, 자동차의 세일즈에 대해서는 많이 보고 배웠습니다. 현대자동차에서 영업사원으로 일하고 계시는 지인과의 대화를 통해 현대자동차의 우수성과 영업 기법 등에 대해 어릴 적부터 어깨너머로 보아왔고, 어떻게 자동차를 세일즈할 수 있는지에 대해 생각해 왔습니다.

관심 전공 분야는 마케팅입니다. 마케팅을 좋아하고, 필립 코틀러 교수 등의 저서를 읽었습니다. 또한 학교에서 배운 마케팅을 적용해 보기 위해 한국썬마이크로시스템즈의 마케팅 공모전에 응모하여 입상하기도 하였습니다. 그 외에 오늘날 많은 기업에 화두가 되고 있는 여성 인적자원관리에 관심을 가져, 이화여대에 학점 교류생으로서 여성 인력 정책에 대해 배우기도 하였습니다.

4. 동아리활동 · 연수경험 · 교육사항 · 아르바이트 · 수상경력(15라인 700자 이내)

동아리 활동으로는 OOO 대학생 봉사동아리에서 2003년부터 현재까지 활동하고 있으며, OOO대 OOO교수님과 함께하는 문화독립기행의 일원으로 전국을 돌아다니기도 하였습니다. 또한 2002년에 한중미래숲 대학생방중단의 일원으로 중국 공산당 및 임업청 관계자들과 황사방지에 대한 토론을 하고, 대학생들과 문화교류를 하였으며, 환경에 대한 관심을 지속하여 2003년도에는 국회 환경포럼에 참가도 하였습니다.

해외 경험으로는 2006년 6월에 스위스 제네바에서 열린 모의WTO에 한국 대표로 참석하여, "Market Access and Domestic Support"라는 주제로 보조금 정책과 수입금지 품목 등에 대해 토론한 것이 있습니다.

또한 IBM 비즈니스 컨설팅 서비스에서 CRM 컨설팅 제안서를 작성하는 인턴으로 2달간 근무하였고, CBS 노컷뉴스에서 인턴기자로 활동하여 '새 용산 박물관, 국립중앙 수면실(?)' 등의 기사로 네이버 등 포털의 톱기사로 뽑히기도 하였습니다.

수상경력으로는 부산광역시장 표창(2006. 9), 제주시 발전을 위한 연구논문대회(2006. 5), 한국 썬마이크로시스템즈 마케팅 공모전(2005. 4), 새마을 중앙회 자전거타기보급운동 표창(2004. 11), 경찰의 날 표창(2004. 10)이 있습니다.

● **장점**

100초 스피치에 방점을 찍은 자기소개서 현대기아자동차는 면접 전형의 시작을 '100초 스피치'로 시작했다. 100초라는 시간에 강한 인상을 주는 것이 핵심이다. 필자가 면접장에서 강조한 것은 '현대차를 타는 자부심'이다. 어릴 적 아버지가 '내 차'라며 자랑하던 '스텔라'라는 모델을 회상하며, 어려웠던 시절 자수성가의 첫 걸음이자 자부심인 현대자동차를 타는 자신감을 동유럽의 소비자에게도 전하고 싶다는 마음을 전하고자 노력했다.

회사에 대한 관심 당시 현대차 그룹은 슬로바키아 질리나 시에 투자했다. 필자는 그 이전에 슬로바키아 질리나 대학에서 봉사활동을 하려다가 실패한 추억을 언급했다. 이는 회사에 대한 관심과 함께 회사에 대한 애틋함을 나타낼 수 있다. 아울러, 슬로바키아에 공장을 건설한 현대차의 통찰력에 대한 칭찬을 함과 동시에 나 역시 그러한 통찰력 그룹(현대차)에 동참하고 싶다는 점을 은근히 어필하는 것이다.

● 단점

자동차에 대해 아는 것이 무엇이냐? 자동차 회사에 지원함에도 불구하고 정작 자동차에 대한 애정을 드러내지 못했다. 단지 한국산 제품을 들고 세계를 누비고 싶다는 것 외에 현대 '자동차'에 대한 특별한 애정이나 포부가 없다. 이것이 가장 큰 오류다. 회사를 지원할 때에는 회사의 '발전상'이 아닌 '회사'의 발전상에 대해 고민해 보는 것도 중요하다.

나열식 경력 소개 사실 당시 '나의 강점을 빠짐 없이 소개하자'는 강박관념에 사로잡혔다. 괄호 안에 간단히 날짜를 적어 넣은 것도 그렇고, 간결한 문체로 쉴 새 없이 다닥다닥 붙여서 경력을 소개했다. 그러나 이런 나열식 경력 소개는 심사위원의 심금을 울리지 않는다. "얘는 이 정도의 능력이 있구나…"라는 식의 생각 외에, 본 자기소개서의 경력 소개는 아무것도 어필하지 못했다.

◎ 한국 얀센

1. 가족관계 및 성장과정

리더다운 리더_학창시절의 반 이상을 학생회 임원으로 활동할 정도로 활달하고 적극적이었습니다. 큰 목소리로 수십 명의 학생들을 이끌면서 느끼는 성취감이 좋아 매년 자처했던 기억이 납니다. 이는 대학교에서 크고 작은 모임의 리더로 활동하는 원동력이었고, 제가 손수 만든 영어 회화 스터디인 S.H.E.의 리더로 영어 공부뿐만 아니라 대인관계의 폭을 넓히는 계기가 될 수 있었습니다. 검도 동아리 '충검회'에서는 선후배간의 갈등을 조율하고 해결을 모색하는 능동적인 일원으로 활동했습니다. 이를 통해 조직을 관리하고, 대화로 갈등을 해결할 줄 아는 리더만의 자질을 키워올 수 있었습니다.

2. 귀하의 개인적인 특징 및 장단점

장점: 도전하는 젊음_저는 새로운 일에 도전하는 것을 좋아하고, 일에 대한 확신이 들면 쏜살처럼 날아가 목표를 명중시키는 열정을 가지고 있습니다. 이지함 화장품 아이디어 클럽 일원으로 활동을 할 당시 CI 기획이나 프로모션 플랜 등 비교적 쉬운 일을 담당했지만, 꾸준히 친구들을 인터뷰하고 SWOT 방법론을 적용했습니다. 실제로 몇몇 아이디어는 기획안으로 채택이 되었고, 수료할 때 우수회원으로 선발되는 기쁨을 얻을 수 있었습니다. 이는 마케팅이라는 새로운 분야에 도전하고 고객의 욕구와 연령대를 끊임없이 파악했던 제 열정이 있기에 가능했던 일이라고 생각합니다. 앞으로 업무에 있어서도 제가 맡은 일에 최고의 노력을 쏟아 부을 줄 아는 인재가 되리라 믿고 있습니다.

단점 : 진정한 완성을 위해_남들보다 앞서겠다는 욕심이 있어서 한 번에 많은 일을 벌여 종종 한 가지도 성공시키지 못하는 최악의 상태를 맞닥뜨리곤 합니다. 대학교 2학년 때, 아침부터 저녁 늦게까지 영어 스터디를 하면서 학과 성적과 한자자격증까지 모두 따겠다는 제 욕심은 성과 없는 결과로 끝이 났습니다. 이러한 제 단점을 극복하기 위해 매주 일요일 저녁 1시간 이상을 다음 한 주의 계획을 세우는 데 사용합니다. 그리고 촘촘한 제 계획대로 잘 되어가고 있는지를 플래너를 통해 확인하며 일의 우선순위에 따라 해결하려고 노력 중입니다.

3. 한국얀센을 선택하여 지원한 이유(동기)

내 꿈을 향하여_대학교 1학년 때, 경영학 서적을 통해 접한 '타이레놀 사건' 은 회사는 이윤추구만을 목적으로 하는 집단이라는 기존의 관념을 흔드는 신선한 충격이었습니다. 그리고 신뢰와 윤리경영이라는 반석 위에 우뚝 선 얀센의 무한한 잠재력을 읽을 수 있었습니다.

기업의 수익이 창출되는 영업직은 회사의 업무 중 가장 중요한 핵이라고 생각합니다. 제가 신뢰할 수 있는 기업의 핵심 파트에서 일하고 싶은 열망은 한국얀센 제약영업에 지원하는 동기가 되었습니다. 둘째 딸로 성장해 남다른 승부욕을 가지며 경쟁자가 있는 환경에서 보다 큰 성과를 내는 저는 한국얀센에 꼭 맞는 인재라고 생각합니다. 제 승부사 기질과 특유의 친화력은 제가 맡은 제품이 1위의 시장 점유율이라는 성과로 나타날 것입니다.

4. 학교생활 중 특기할 사항(동아리 활동, 봉사활동, 본인 발전을 위해 도전해본 사례들)

두 마리의 토끼 잡기_2006년 3월 캐나다로 어학연수를 떠나면서 6

개월 안에 최고의 레벨에 오르겠다는 목표를 세웠습니다. Whitehorn Nursing Home에서 유일한 외국인 봉사자로 활동하던 당시 캐나다 할머니들은 작은 동양인인 제게 별 관심을 보이지 않으셨습니다. 저는 할머니들이 좋아할 만한 한국문화의 여러 소재를 골라 암기해서 설명하기 시작했습니다. 관심 없어하시던 할머니들도 한국의 존댓말과 웃어른 공경문화 등에 흥미롭게 질문을 건네셨고, 이는 몇 달 후 제가 가장 인기 있는 봉사자가 될 수 있었던 비결이었습니다. 그 과정에서 제 회화 실력은 눈에 띄게 향상되었고, Business와 Cambridge 영어 FCE 합격이라는 두 마리의 토끼를 잡을 수 있었습니다. 당시 몇 개월의 어학연수를 믿을 수 없다며 받은 칭찬은 제 영어 실력의 기폭제가 되어 5개월 후에 학교의 최고의 레벨에서 인정받는 실력을 키울 수 있었습니다. 처음의 목표, 그 이상을 달성한 저는 강화된 자신감을 가지고 오늘도 끊임없이 도전합니다.

5. 해당부서를 지원하는 이유 및 귀하의 관련경험, 지식, 스킬

여성의 마음을 사로잡다__2005년 겨울, 한 외식 브랜드의 마케터로 지원해 활동했습니다. 대학가 주변의 설문조사를 통해 여성들이 다이어트를 이유로 OO을 꺼린다는 결론을 얻었습니다. 저는 곧 "칼로리 계량화를 통한 다이어트 女心 사로잡기"라는 주제의 프로젝트와 마케팅 방향에 대해 제안했습니다. 당시 저는 OO봉투에 OOO라는 재료가 다이어트에 주는 효능과, 칼로리를 언급하고 기호에 따라 일반 콜라 대신 다이어트 콜라를 배달하는 것을 주 내용으로 했습니다. 이런 제 의견은 본사의 마케팅 방침에 반영돼 지난해까지 OOO은 여성들이 좋아하는 OO으로 인식 전환에 공헌할 수 있었습니다.

이렇듯, 회사에서 고객들의 욕구를 적용한 아이디어를 기획해 보고 실제 마케팅을 경험해 보았습니다. 이런 경험은 학생인 제가 가까운 미래의 업무를 미리 체험해 본 것으로 회사의 업무 이해에 도움이 될 것이라 생각합니다.

6. 귀하의 가치관과 10년 후 얀센에서의 자기모습

"10년 연속 매출 급성장이요? 정답은 고객 분석이죠."_2017년 10월, 한국얀센 사보에 실릴 글로 대전 사업부 10년 연속 매출성장의 큰 공로자인 OOO 팀장의 이야기입니다. "언젠가 한번은 의사선생님이 자꾸 안 만나 주시는 거예요. 며칠을 기다리다 안 되겠다 싶어서 특진을 잡아 진료실로 들어갔습니다. 당시 깜짝 놀라셨지만 제 재치에 유쾌해하셨고 돈독한 거래처로 남는 비결이 되었습니다." 고객의 요구에 결코 NO라고 말하지 않는 프로 서비스정신이 무엇보다도 필요한 직업이라고 말하는 이 과장은 가장 중요한 것은 고객의 입장이 되어 생각해 보는 것이다. "항상 시간이 부족한 의사선생님들과의 만남이 지속되려면 그 만남이 지겹지 않도록 되도록이면 간결하고 똑 부러지는 설명이 중요합니다. 고객을 알고 나를 안다면 이길 수 있다는 생각에 고객의 니즈를 분석하는데 집중했고, 이는 고객의 얀센 사랑으로 이어진 것 같아 보람을 느낍니다."

제가 생각하는 10년 후 미래입니다. 한국얀센에서 다양한 고객욕구를 분석해 고객과 눈높이를 나란히 하고, 이에 부응하는 피드백을 제공하겠습니다. 특히 충남, 충북지역 영업과 마케팅을 책임지는 영업전문가로 저와 한국얀센이 함께 성장하는 데 일조할 것을 약속드립니다.

지방 국립대를 졸업하고 공기업에 간 한 후배의 글(수정 후)이다. 필자

가 직접 리라이팅을 자처했을 정도로 아끼던 후배였다. 평소 자신감과 꾸준한 노력으로 무장했던 이 후배는 결국 공기업에 입사했다.

● **장점**

사보 스타일의 서술을 음미하자 사실 사보 스타일의 서술은 필자의 아이디어다. "이 자기소개서 어때요"라고 묻는 후배에게 과감히 사보 스타일을 제시했다. 읽는 맛을 주면서 동시에 자신의 비전과 조직에 대한 몰입도를 효과적으로 강조하기 위해서다. 이 후배는 필자의 제안을 완벽히 소화해냈다. 읽는 내내 '재미있다'는 생각이 들게 하는 것은 물론 회사에서 이 지원자가 앞으로 어떤 커리어를 쌓을지, 어떤 행보를 보일지까지 엿볼 수 있다. 독자들도 천천히 음미해 보자.

'자신의 미래를 서술하라'는 질문은 자기소개서의 단골 메뉴다. 회사에 대한 충성도를 보는 동시에 향후 포부를 볼 수 있는 두 가지 장점이 있기 때문이다.

아주 구체적인 자신의 성과 제시 이 자기소개서에서는 한 외식업체의 마케터 경험을 통해 자신의 기획력을 구체적으로 제시했다. '음식봉투에 OOO라는 문구를 표시한다'는 식의 구체적인 표현은 읽는 사람에게 지원자의 행동이 어땠는지를 머릿속으로 그릴 수 있게 해준다. 추상적으로 자신의 성과를 나열한 사람과 눈에 보이듯 자세히, 또 구체적으로 자신의 성과를 나타내는 것은 이해도에 있어서부터 차이가 난다.

● **단점**

경영학 용어를 줄이자 사실 이 정도의 자기소개서면 경영학 용어에 빠지는 오류를 그리 크게 범한 것은 아니다. 그러나 수많은 지원자들은 지금 이 순간에도 '저는 SWOT의 틀에서 경영학적 이슈를 바라보는 강점이 있습니다' 라는 식의 오류를 쏟아낸다.

그러나 경영학 원론 배운 사람 치고 'SWOT의 틀에서 경영학적 이슈를 바라보지 않는 학생' 은 거의 없다. 같은 논리로 소위 컨설팅 펌에서 쓴다는 'critical issue', 'value delivery' 와 같은 단어를 남발하는 것도 역겹다. 언제부터 학생들이 그리 가치경영을 고민했고, "critical thinking"을 추구해 왔다는 것인가. 한글이나 똑바로 쓰라.

이 자기소개서의 가장 큰 문제점은 어설프게 공부한 경영학적 방법론을 적용했다는 점이다. 대부분의 경영학 비전공자들이 범하는 오류다. SWOT 방법론이라든지 BCG 매트릭스 등의 용어를 언급해 주면 뭔가 '비즈니스-프렌들리' 해 보일 것이라고 생각하는 비전공자들의 실책이다.

그러나 실제로는 그렇지 않다. 어설프게 경영학 용어들을 남발하면 오히려 지식이 부족해 보인다. 따라서 이 자기소개서에서는 경영학적 냄새를 최대한 빼고 학생답게 톤을 낮추려고 노력했다.

영어는 제대로 쓰자 "Business와 Cambridge 영어 FCE 합격이라는 두 마리의 토끼를 잡을 수 있었습니다"라는 문장에서 정작 영어로 써야 할 것은 FCE의 원어다. 비즈니스를 영어로 쓰는 것은 엄청난 오류였다. 케임브리지 역시 마찬가지다.

◎ 우리은행

1. 입행동기 및 포부

초등학교 때, 한일은행을 찾아 처음 통장을 만들고 용돈을 저축할 때의 뿌듯함을 아직도 기억합니다. 은행에서 근무하셨던 아버지를 통해 어려서부터 은행의 역할과 중요성에 대해 알았고, 저 역시 은행에 대한 선망을 가지며 성장했습니다. 국가 경제의 주축인 기업에 자금을 지원하고, 또한 많은 고객들에게 재산 증식의 기회를 제공하는 은행의 역할은 공공의 영역에서 보아도 바람직한 것이고, 저의 직업으로서도 매력적이었습니다.

은행 간의 경쟁이 날로 치열해지는 지금, 100년 전통의 우리은행도 더욱 적극적으로 고객 중심 마케팅을 해야 할 것으로 판단됩니다. 대학 시절 배운 고객 중심 마인드를 우리은행의 실제 업무에 접목시켜, 은행 특유의 딱딱함을 깨고, 고객이 의상실을 방문하였을 때처럼 자유롭게 투자와 대출을 상담할 수 있는 우리은행을 만들어보고 싶습니다.

또한 OOO 코리아에서 체득한 고객 응대 방식을 바탕으로, 현장에서 고객들의 요구를 듣고 이를 바탕으로 고객이 필요로 하는 신종 상품을 개발하는 일까지 도전해보고 싶습니다.

2. 자신의 성격, 개인적으로 특별했던 경험

도전 정신과 적극성_대부분의 학생들이 영어권 국가로의 교환학생 파견을 원하는 것과는 달리 저는 OOO로 교환학생을 다녀왔습니다. 우리나라 교민의 수가 200명이 채 되지 않고, 특정 상품 광고를 통한 제한적인 이미지밖에 없는 낯선 나라 OOO에서 저는 다양한 문화와 언어를 소유한 유럽 전역의 친구들과의 만남과 화합을 통하여 어떠한 환경에서도 적응하고 그 자리에서 빛을 발할 수 있다는 자신감을 갖게 되었습니다.

지속적인 자기 계발을 위한 노력_글로벌 금융 비즈니스를 위한 꾸준한 어학 실력 향상을 위하여 캐나다 어학연수 시절 영어 비즈니스 커뮤니케이션 과정을 수료하였으며, 고교 시절부터 익혀온 불어는 OOO 정부에서 인정하는 OOO 외국어 시험 1급을 취득했습니다.

3. 학창시절 관심을 가진 분야와 그 분야를 위해 특별히 노력을 한 경험

고객 대면 서비스_경영학에 관심을 가지면서 고객관계 관리에 대한 실습을 해보고자 다국적 화장품 기업인 OOO 코리아의 OOO 사업부에서 인턴으로 일했습니다. 그 중에서 가장 기억에 남는 일은 백화점 매장 실습입니다. 다양한 고객에게 제품의 정보를 전달하고 판매를 유도하는 일이었는데, 당시 직원들은 하나라도 더 팔기 위해 노력했던 반면, 저는 고객의 이야기를 듣는 데 치중했습니다. 고객의 관심은 무엇이며 어떤 기능이 필요한지를 경청하고, 이를 바탕으로 고객 정보에 기반한 상담을 전개한 결과, 고객들은 자신의 이야기를 참고하여 제시된 화장품 라인에 매우 만족하였습니다. 또한 저는 OOO 사업부 자체적으로 진행했던 VIP행사에서 고객으로부터 베스트 스마일 코멘트를 받기도 하였습니다.

제가 OO은행에서 직접 고객을 대하는 개인금융 분야에서 일하게 된다면, 고객의 니즈에 부응하는 적절한 금융 상품을 전달함으로써 고객 감동이 실현되도록 노력하겠습니다.

4. 봉사 및 단체 활동의 경험

시각 장애 청소년 학습 지도__2001년 여름부터 약 1년 반 동안 OO 장애학교에서 시각 장애 고등학생의 수학 공부를 도왔습니다. 다른 학생들과 달리 시각 장애인은 글자를 통한 정보를 받아들일 수 없기 때문에 모든 교과 내용을 목소리로 표현해 주어야 했고, 이는 저에게 너무나도 낯설고 또 힘들었습니다. 가끔씩 3시간이 넘도록 지도를 하고 나면, 목이 쉬고 무리가 될 때도 있었지만, 그 학생은 1년 반 뒤 원하는 대학교에 진학하게 되었고, 당시 너무나도 기뻐하며 합격 소식을 전하던 학생의 모습은 지금도 생생합니다. 저는 이를 통해 봉사가 단순히 베푸는 것이 아니라, 봉사자 자신에게도 기쁨이 되고 의미 있는 생활을 영위할 수 있도록 해준다는 사실을 깨달았습니다.

교내 합창단 활동__OO대학교 혼성 합창단인 OOO에서 약 3년간 활동을 하였습니다. 한 학기에 한 번씩 열리는 정기 발표회를 준비하며 힘들 때도 있었지만, 서로를 위로하고 격려하면서 진정한 팀워크를 배웠고, 청중에게 아름다운 화음으로 기쁨과 감동을 주는 것이 보람있었습니다.

5. 30자 자기소개

성실함과 자기 계발로 끊임없이 성장하는 도전적인 젊은이

지금은 직장인이 된 한 후배의 글(수정 후)이다. 완벽한 스펙이다. 필자가 수정에 참여한 것으로, 효과적인 서술법을 적용한 예로서 제시했다. 괜찮은 지원자가 더 돋보이도록 서술 방법을 조금 바꿨다. 이를 음미해 보기 바란다.

● **장점**

경영학 용어에 빠지는 오류가 거의 없다 수정을 통해 "은행은 고객과의 자본 흐름을 통해 개인의 부를 증대시키고"와 같이 경영학 책의 구절을 나열한 듯한 서술을 최대한 없앴다. 물론 이 후배는 본인 스스로 경영학 용어를 남발하지 않은 것도 있다. 또 대학생답게 담담하면서도 풋풋하게 서술하도록 교정했다. 앞서 언급했지만, 자기소개서에서 경영학 교과서에 나올 법한 문장을 적는 것은 지면 낭비다. 회사는 경영학을 하는 곳이 아니라 경영을 하는 곳이다.

스토리가 있는 자기소개서 3번 항목인 '학창시절 관심을 가진 분야와 그 분야를 위해 특별히 노력을 한 경험'과 같은 질문이 스토리형 물음이다. 이 경우 예화를 통해 자신이 얻게 된 가치(혹은 교훈)와 이를 발전시켜 얻어낸 성과를 제시할 수 있어야 한다. 교훈을 얻으면 이를 통해 더 나은 결과를 가져오는 것은 어찌 보면 당연한 귀결이다.

3번처럼 스토리를 제시하라는 물음은 읽는 재미와 동시에 자신이 변화한 과정을 제시할 수 있어야 한다. 이야기가 없다고? 그러면 계기를 만들어 스스로를 변화시켜야 한다. 취업은 학생이 기업을 향해 스스로를 변모시키는 과정 아니던가. 3번 물음은 그 과정을 묻는 질문이다. 스토리가 있는 자기소개서를 만들도록 노력하자.

● **단점**

식상한 계기 왜 은행원이 되고 싶었는지에 대한 이야기는 초등학교 시절의 추억에서 나온다. 물론 잘 써서 '선방 수준'의 지원동기로 만들었지만, 어릴 적부터 동경해 왔다는 말은 어째 식상하게 읽힌다.

 "성실함과 자기 계발로 끊임없이 성장하는 도전적인 젊은이"라는 말은 너무 재미없다. 사실 필자는 다른 말을 언급했지만 본인이 끝까지 우겨댔다. 아니, 성실함과 자기 계발, 계속 성장이라는 키워드가 없는 대졸 구직자가 어디 있나!

1. 살아오면서 부딪혔던 가장 큰 장애물은 무엇이었으며, 그 난관을 극복하기 위해 어떠한 노력을 하였고, 그 결과는 어떠했는지 기술하십시오.(50자 이상 500자 이내 입력)

캐나다에서 열린 국제태권도 대회(03)에서 은메달 수상 후 캐나다 온타리오주 오타와의 한 태권도장에서 스카우트 제의가 들어왔습니다. 외국에서 누군가를 가르치고 지도한다는 생각이 다소 좋은 경험이 될 것 같다는 생각에 흔쾌히 그 제의를 받아들이고는 한국인 태권도 사범으로 임명이 되었습니다. 태권도 지도에는 문제가 없을 것이라고 생각을 했었는데, 서로 다른 문화를 가지고 서로 다른 언어를 구사하기에 그 과정들이 결코 순탄치만은 않았습니다. 막상 저의 선택이었음에도 불구하고 답답한 마음이 들었습니다. 누군가를 지도할 때에 그 과정을 설명하고 이해시키려면 그보다 더 뛰어난 언어구사력과 그 언어에 대한 충분한 설득력이 있어야 했습니다. 자존심과 승부욕이 강한 터라 그 이후로 밤새 내일 지도할 태권도자세 및 활용법에 대해 공부를 하고 연습을 했습니다. 거울을 보며 확실하게 말하는 법과 한마디를 하더라도 사범으로서 절도 있게 하는 연습을 하며, 회원들을 지도하게 되었습니다. 그 결과, 회원들로부터 'Fast Korean' 이라는 별칭이 붙을 정도로 문화에 빠르게 적응을 했고 더욱 친해질 수 있는 계기가 될 수 있었습니다.

2. 생각의 차이로 다른 사람과 갈등을 겪었던 경험에 대하여 기술하십시오.(50자 이상 500자 이내 입력)

06년에 열린 "WCO International Conference 2006" 국제학술대회에서 세계관세기구 사무국장 및 미국 및 호주 등 각국에서 초청된 관세청 공무원 및 대학교수들을 상대로 본 행사 시작 전 초청경비 증빙서류 관련 작은 세미나를 주최한 적이 있습니다. 무역학과 교수님의 추천으로 동시통역을 하며 세미나를 진행하게 될 예정이었습니다. 저는 공항에서부터 사전에 그 사람들을 전부 각각 만나봐서 그들이 외향적인 성향이라는 것을 어느 정도 알 수 있었기에 한 번에 전부 모인 자리에서 경비 관련 회의를 하는 것이 좋을 것이라 판단을 하였지만, 교수님은 다양한 직책 및 직위 인사들이 모였기에 직급별로 각각 세미나를 해야 한다 하시며 서로 다른 생각을 갖게 되었습니다. 급히 결정을 내려야 하는 상황이었기에 교수님께 제의했습니다. "주요 인사라고 생각하시는 3명에게 각각 설명을 해드리고 그분들을 제외한 나머지 분들은 함께 모인 자리에서 세미나 진행을 하겠습니다." 다소 급한 상황에서 효율적인 방안이었기에 교수님도 그 의견에 만족해하며 함께 의사결정을 내리며 의견조율을 할 수 있게 되었습니다.

3. 당신의 10년 후 모습을 그려 보십시오. 그 목표를 달성하는 데 있어 두산에 입사하는 것이 어떤 의미가 있는지 기술하십시오.(50자 이상 500자 이내 입력)

해외경험들을 토대로 대한민국 대표 주류 두산주류의 국내 시장뿐 아닌 해외시장으로의 수출 극대화에 일조할 것이며, 서울세관에서의 통역간사로서의 경험으로 무역과 경제학을 연관지어 두산주류의 와인사업 등 아직 여러 가지 미 개척된 해외시장까지 철저한 시장조사와 분석으로 해외시장을 장악하여 국내 1위뿐만 아니라 세계 1위 주류회사로 거듭나게 하는 데에 열정과 패기를 다할 것입니다. 또한 미국 연수 때 만난 외국친구들이 제게 전화를 하며 어제 마신 술이 아직 안 깬다며 두산 너무 알코올이 강한 것 아니냐며 좀 순하게 만들라는 둥 그런 장난

섞인 투정들을 부리며 그냥 일상적으로 세계 속에 생활 속에 늘 함께 있는 주류로 이미지 메이킹 하는 데 일조할 것입니다. Globalization의 실현으로 국내에 국한된 것만이 아닌 앞으로의 시장개척에 더 많은 열정을 쏟아 붓고 있을 것입니다.

그런 의미에서 볼 때, 두산에 입사하는 것은 두산주류뿐 아닌 제 자신에게 많은 플러스요인들을 가져올 것이며, 서로에게 win-win이 되는 상생으로 최고의 주류브랜드로 브랜드 메이킹하는 데에 매우 큰 의미가 있을 것이라 생각합니다.

4. 동아리활동, 연수경험, 교육사항, 아르바이트, 수상경력(15라인 700자 이내 입력)

세계관세기구WCO 동시통역_관세청과 서울세관이 공동 주최한 세계관세기구WCO '2006 International Conference'에서 동시통역 및 세미나 진행을 하였습니다. 당시 WCO 사무국장과 각국 대사관 직원들을 만나 자유롭게 관세에 대해 토론했던 것은 제게 신선한 경험이었습니다.

세계태권도ITF 사범_국제태권도 대회 2위 입상으로 오타와의 태권도체육관에서 스카우트 제의가 들어온 것을 계기로 대한민국을 알림과 동시에 글로벌 마인드를 좀 더 깊이 이해할 수 있는 기회가 되었으며, ㈜노바스포츠(강남점) 라는 곳에서 헬스트레이너로서, 회원들의 불만사항 수렴 및 운동지도 등을 통해서 상황대처능력을 또 다른 각도로 기르게 되었습니다. 때로는 운동지도를 받는 회원으로서 혹은 친구 같은 운동파트너로서의 개별 니즈를 충족시키는 폭 넓은 서비스 마인드를 조금 더 익힐 수 있었습니다.

CJ그룹 인턴근무_CJ 마케팅실에서 인턴을 하며 시장조사 과제와 함께 고객 클레임 해소 및 지역마케팅에 대해 배우며 "지식박람회"라는 인턴사원 발표에서 "녹여 먹는 OOO"라는 주제의 신제품 발표로 2등을 수상하게 되는 소중한 경험들을 했습니다.

5. 자신만의 창의적인 아이디어를 발휘하였던 경험을 기술하십시오.(50자 이상 500자 이내 입력)

CJ인턴사원 근무 시 여러 가지 과제들을 수행하며 마지막 최종점검에서 팀별 아이디어 개진 및 브레인스토밍을 하던 중 여러 의견들이 조율은 안 되고 각기 다른 방향으로 나가고 있었습니다.

CJ모터스 레이싱걸 탈의실 개선안, CJ엔투스 게이머들의 홍보효과 극대화안 등 여러 가지 주제로 주로 대외적인 활동들, 즉 크게 손대지 않고 현존하는 것들 중에 살짝 손대면 가능할 것 같은 것들을 위주로 브레인스토밍이 되던 중, 새로운 제품을 만드는 것은 어떠냐며 다소 황당한 의견을 제시했습니다.

처음에는 팀원들이 너무 일을 크게 벌이는 게 아니냐는 평들도 있었지만, 막상 시도해보면 어려울것 없다며 기존에 많이 나와 있는 각설탕을 응용하여 "국내 최초 녹여먹는 OOO" 를 만들 게 되었습니다. 신선한 아이디어와 창의적인 생각으로 품평회와 지식박람회 등에서 높은 점수를 받을 수 있었으며 그 결과 CJ그룹 지식박람회 전체 2위를 수상하여 시상금을 받으며 "황당팀"이라는 별칭을 받게 되는 등 좋은 경험을 할 수 있었습니다.

6. 친구들이 당신에게 붙인 별명이 있다면 어떤 것이며, 왜 그런 별명을 붙였다고 생각하는지 기술하십시오.(50자 이상 500자 이내 입력)

무대포가 아닌 제 이름의 성을 따서 "깡대포"라는 별명이 있습니다.

한번 결정된 부분에 있어서는 바로 실행에 옮겨 추진하는 것이 이미 결정된 것을 자꾸 이리저리 재며 다른 건 없을까 하며 고민하는 안일함을 싫어하는 성격입니다.

"대나무 같은 유연함과 박달나무 같은 강인함, 불타는 열정과 패기를 동시에 지녀야 한다"는 제 생활 신조와 같이 추진력이 강한 편입니다.

가끔 성급하게 추진하는 단점들도 있었지만 그러한 단점들이 대학, 군대, 어학연수 때에 많은 사람들과 더불어 지내며 다양성이라는 것을 조금 더 넓게 인정하게 되면서 더 나은 합리성과 적절한 시기의 추진력을 추구하게 된 계기가 되었습니다.

정직한 패배에 두려워하지 말라는 아버지의 말씀과 함께 승패가 좌우되는 결정적인 순간인 운동시합 때에 모든 능력을 발산하는 것, 그것이 바로 프로이며 진정한 승부사라고 느꼈습니다.

● 장점

이미지 확립에 성공했다 객원저자 강세원 씨는 '태권도 대회에서 우승할 정도의 강인한 체력과 강단'을 이미지화 해, 패기 있고 노력하는 젊은이라는 점을 완벽히 형성했다. CJ그룹에서의 인턴십, 지식박람회 등에서의 성과를 구체적으로 나열해 자신이 주어진 환경에서 최대한 노력했음을 사례를 통해 보여주고 있다. 여기에 평소 강하고 추진력이 있지만 또 쿨하기도 한 화술이 면접에서 드러난다면 자신의 이미지는 일관된 형태로 표현된다.

레이싱걸 탈의실? 5번 문항에서의 레이싱걸 탈의실 개선안과 같은 이야기는 면접관의 흥미를 유발함과 동시에 '저 녀석 봐라'는 식의 관심을 유발할 수 있는 재미있는 소재다. 면접관도 사람인만큼, 기왕의 자기소개서라도 재미있는 것이 더 좋다. 독자들도 자기소개서를 쓸 때 '얘기 되는' 키워드를 적당히 가미할 수 있어야 하겠다.

● **단점**

애매한 서술이 많다 서술이 애매한 부분이 의외로 많다. WCO 대회에서의 의사소통 과정상 문제점에 대한 이야기가 애매하다. 또한 별명 부분에서의 자신의 신념이 애매하다. 물론 다른 부분이 구체적으로 서술돼 큰 문제는 없지만, 애매한 서술 부분이 옥에 티다.

◎ 삼성 엔지니어링

1. 자기소개(400자)

"레고놀이에 푹 **빠진** 엉뚱한 girl"＿어릴 적 크리스마스 선물로 레고 소방, 성 세트를 받아 두 종류를 섞어 조립하여 소방성을 만들어보겠노라며 며칠을 고민한 적이 있었습니다. 비록 엉뚱한 형체를 얻었지만, 스스로 행하기 위해 노력하였고 새로운 생각을 통해 만들어진 나만의 작품이기에 무엇보다도 만족스러웠습니다. 레고놀이에 푹 빠져 있던 저는 블록을 쌓던 순수한 마음으로 기계설계에 대한 꿈을 가지고 기계공학과에 진학하였습니다.

제가 대학에 입학한 2003년부터 아버지께서는 OOO에서 해외근무를 하고 계십니다. 매일 밤 메신저를 통하여 지구 반대편에 계신 아버지와 화상채팅을 하면서 기술의 소중함을 깨닫게 되었습니다. 기계공학을 공부하면서 저 또한 이러한 기술발전에 이바지하는 엔지니어가 되고 싶다는 목표가 정해졌습니다. 지금 그 목표를 이루기 위해 삼성 엔지니어링을 지원하는 이 자리에 와 있습니다.

2. 강점(200자)

"웃음 전도사"＿제가 웃음으로써 상대방에게도 웃음을 전도하는 것이 저의 즐거움입니다. 대학 입학 후 레크리에이션 동아리 활동을 통해 건강한 웃음을 나누는 법을 배울 수 있었습니다. 더불어 롯데시네마에서 아르바이트를 할 적에 미소 띤 얼굴로 고객에게 업무 이외의 대화도 자주 건네어 8월의 스마일 상을 받았었습니다. 이런 밝은 에너지는 앞으로 사회생활을 하는 데 든든한 밑거름이 되어줄 것입니다.

3. 보완점(200자)

"실없는 사람?"__웃음이 너무 많아서 쉽게 다가갈 수 있고 편안해 보이는 인상으로 비춰지지만, 간혹 실없는 사람으로 보인다는 소리를 듣곤 합니다. 실없어 보이지 않도록 친구들과 문제를 상의하거나 대화를 할 때 객관적으로 냉정한 시각을 갖고 비판하려고 노력합니다.

4. 지원동기 및 포부(500자)

'사람과 기술' 에 최상의 가치를 부여하고, 플랜트 산업의 역사를 개척한 자부심을 지닌 삼성 엔지니어링 산업플랜트분야에서 설계에서 시공, 안전 설비, 자재의 최적 공간배치까지 제가 가진 모든 역량을 발휘하고 싶습니다.

이를 위해 기계공학을 공부하면서 학과 내 설계학회 창단멤버로 활동하며 catia, pro-e, solid works 등 3D 모델링 기술을 익혔습니다. 이를 기반으로 (주)OO로봇 로봇 시스템사업부 기계설계팀에서 인턴으로 활동하여 산업용 직각 로봇을 Pro-Engineer로 모델링하면서 실무와 결합되어 가는 방법을 알 수 있었습니다. 또한 직장생활의 어려운 점을 경험하였습니다. 이런 소중한 경험으로 얻은 지식으로 삼성 엔지니어링에서 경험하게 될 실무지식을 누구보다도 빠르게 배울 수 있을 것이라고 자신합니다.

현재의 도전이 전부가 아닙니다. 삼성 엔지니어링과 함께하여 산업플랜트분야의 전문가가 되는 데 제 역량이 펼쳐질 미래에 도전하기 위한 도전을 할 것입니다. 역시 현재의 능력에 안주하지 않고 전공지식, 현장경험, 사무 업무에 대한 이해를 두루 섭렵하는 엔지니어가 될 것입니다.

● **장점**

나는야 공대생! 공대생으로서 아주 적절하게 쓴 자기소개서다. 우선 전공지식에 매몰된 자기소개서를 쓸 위험을 가볍게 비껴나갔다. 많은 공대생들이 전공 분야에 대한 이야기만 늘어놓느라 정작 자신이 어떤 인재인지에 대해 효과적으로 표현하지 못하곤 한다. 그러나 이 지원자는 자기소개에서 다소 감성적인 소재인 레고 이야기를 통해 자신이 호기심이 많은 사람이라는 점을 강조하면서 solid works와 같은 실제 3D 모델링 기술을 언급해 자신의 역량을 구체적으로 제시했다. 포부 역시 구체적이고 실현 가능할 수준으로 언급한 점도 눈에 띈다.

● **단점**

강점과 보완점이 어색하다 아쉬운 점은 강점과 보완점이다. 강점의 경우 '스마일'이라는 단순한 사실 전달 이상을 전하지 못했고, 보완점의 경우 잘 웃는다는 점을 나열해 약간은 억지로 자아낸 듯한 느낌을 준다. 강점의 경우에는 전공 분야에서의 입상 경력 등 구체적 성과를 나타내고 보완점의 경우 자신이 부족해서 아쉬웠던 점, 예컨대 리더십이나 영어 능력에 대해 솔직하게 적는 것도 좋다.

◎ 동부정보기술

1. 우리 회사를 지원하게 된 동기 및 입사 후 희망직무 및 포부

고객이 실시간 기업 환경을 구축할 수 있도록 IT 인프라와 서비스를 지속적으로 제공하고 있는 동부정보기술의 SW엔지니어 파트에 아래의 이유로 제 자신을 추천합니다.

❶ 준비된 자세로 Vision 2010을 향해 귀사와 함께 달려 나가고 싶습니다. OOO, OOOO mobile, OO전산 등 풍부한 필드 경험을 통해 미리 제 자신을 위해 Cobol, Java, C, Visual C++ 등의 각 언어를 습득하였고 언제든지 귀사에서 이런 제 능력을 활용할 준비를 하고 있습니다.

❷ 경영마인드를 함께 접목시켜 고객과 함께 호흡할 수 있는 사람. 회사 생활, 교직활동, 동아리 회장 등을 통해서 사람들과 어떻게 호흡해야 하는지, 마케팅 공모전 등에 계속 작품을 출품하면서 프로젝트를 올바르게 수행하기 위한 경영마인드를 키울 수 있었습니다. 단순히 직원으로서 개발뿐만 아니라 고객의 욕구를 분석해서 경영진과 어댑터 역할을 할 수 있는 경영마인드를 가진 사람입니다. 준비된 자세와 경영마인드로 고객을 최우선으로 생각하는 동부정보기술을 위해, 그것을 넘어 고객을 위해 제가 배운 것을 활용하기 위해 지금 동부정보기술 SW엔지니어 부분에 지원합니다.

2. 성격의 장·단점 및 생활신조

사람과의 관계를 알기 위해 여러 경험을 쌓았고 그것을 통해 귀사와 고객 간의 중간점에서 업무를 성실히 수행할 수 있습니다.

❶ '부딪히지 않으면 얻는 것도 없다.' 저는 활달하면서도 좋아하는 일이 있으면 그것을 이루기 위해 계속 매진하는 노력파입니다. '부딪히지 않으면 얻는 것도 없다.' 제 좌우명입니다. 교직과정을 이수하면서 남이 하지 않은 교생 대표를 맡으며 비록 남들보다 두 배는 힘들었지만 그것을 통해서 남들보다 두 배는 많은 사람들과 관계를 가지게 되었고, 남들보다 두 배는 많은 것들을 그 과정을 통해 배울 수 있었습니다. 잘한다고 섣불리 말하기보다 직접 행동으로, 노력으로 보여주는 사람입니다.

❷ 시작과 끝의 연결. 저는 한번 시작한 일은 끝을 맺으려고 노력하는 사람입니다. 성격상 단점이 될 수도 있지만 일을 시작한 이상 그것은 타인과의 약속이 되기 때문에 그 약속을 지키기 위해 끝까지 노력합니다. 프로젝트가 수행되다 보면 생각보다 많은 난관을 만나게 되고 포기하고 싶을 때가 있지만, 그 안에서 주저앉기보다 그 난관을 해쳐나가기 위해 사람들을 다독이고 그 사람들과의 약속을 위해 한 발 한 발 전진하는 사람입니다.

3. 자신의 강·약점 및 인생에서 성공하거나 실패한 경험

인생의 여러 경험들은 귀사에 맞는 인재로 거듭나는 한 획이라 생각하며 그 실패와 경험을 통해 한층 더 성숙될 수 있었습니다.

❶ 쓰러져도 주저앉지 말고, 한걸음 더 나아가기. 저는 재입학생입니다. 98년에 입학하자마자 IMF가 터지고 집안 사정으로 학년을 전부 이수하지 못한 채 중도에 그만두게 되는 쓰린 실패를 맛봤습니

다. 너무나도 큰 고난이었지만 거기서 쓰러져 주저앉기보다 힘든 파도와 맞부딪혀 싸우는 방법을, 고난을 하나씩 돌파하는 방법을 배웠습니다. 그래서 군제대 후 회사에 입사해 스스로 돈을 벌어 2년 후에 학교에 다시 돌아올 수 있었습니다. 그렇기 때문에 남들보다 더 열심히 학교생활을 하였고, 그 결과 지금까지 계속 성적 우수 장학금을 받으며 학교를 다닐 수 있었습니다.

❷ 미리 준비한 자만이 얻을 수 있다. 귀사에 입사하기 위하여 사전에 여러 회사에서 풍부한 필드 경험을 쌓았고 그걸 바탕으로 학교에서 어떠한 것들을 배워야 할지 찾아서 미리 준비하였습니다. 귀사에 입사해서도 안일하게 내 일만 하는 것이 아니라 급변하는 경영환경에 적응하기 위해서 필요한 것들을 미리 준비하며 능동적으로 대처하겠습니다.

객원저자 이정운 씨의 자기소개서다. IBM 등 유수 IT기업에 합격한 이 씨는 컴퓨터공학 전공자로서 다양한 경험을 쌓아 자신의 가치를 내세우는 한편, 자신의 재입학 경험담을 통해 심사위원의 감성까지 자극하고 있다. 이성과 감성을 동시에 자극하는 훌륭한 자기소개서다.

● 장점

눈물이 나는 자전적 스토리 IMF 때문에 학교를 중퇴하고 돈을 벌어 재입학했다는 사연은 읽는 사람의 심금을 울림과 동시에 이 씨가 끈기와 열정이 있는 인재임을 보여주는 좋은 이야기다. 물론 이 씨와 같이 눈물나는 사연을 일반 학생들이 경험하기는 쉽지 않다. 그러나 자신의 사연은 누구나 있다. 그 사연을 지원하는 회사와 결부시키는 구성 능력은 노력으로 가능할 것이다.

적절히 제시된 제목 사실 자기소개서의 문항에 제목을 달고 글을 쓰는 것에 대해 찬반양론이 있다. 제목을 달게 될 경우 자기소개서의 내용 전달에 있어 효과적이지만, 잦은 제목의 경우 읽는 사람에게 귀찮은 방해물이 될 수 있다. 이 씨의 경우 제목을 적당한 수준으로 달았다.

● 단점

자신의 전공 지식, 경험에 대한 설명이 부족하다 추후 면접에서 질문이 들어올 것을 예상하고 다소 간결하게 서술했지만, 대다수의 지원자들은 자신의 강점을 지면이 허락하는 한에서 최대한 자세히 서술해야 한다. 단지 'OO사, OO사에서 풍부한 필드 경험을 갖췄다' 는 식의 서술은 자신의 경험이 어떤지에 대한 정보를 충분히 전해주지 못한다. 적어도 '~~에 대한 프로젝트를 맡는 등 ~ 분야에서 일했다' 는 식의 서술이 필요하다.

포부가 추상적이다 이 씨의 포부에서 읽을 수 있는 키워드는 '경영 마인드' 하나다. 그러나 경영 마인드를 어떻게 구체화할지, 어떻게 발현할지에 대한 이야기는 없다. 포부에는 '구체적 키워드' 가 있어야 한다. 앞으로 어떤 회사를 만들고 싶은지, 자신이 생각하는 사업 아이템은 무엇인지, 회사의 신성장동력 아이디어는 무엇인지에 대한 치열한 고민이 전달돼야 한다.

◎ 효성캐피탈

1. 성장과정

고등학교 2학년 때 사업을 하시던 아버지께서 부도를 맞으셨습니다. 10년 이상을 견실하게 회사를 운영하셨지만 외환위기의 파고를 견디지 못하고 사업을 그만두셨습니다. 경제적으로 정신적으로 고통의 시간이었지만 더 열심히 일하시는 아버지를 통해 실패가 주는 교훈을 몸소 체득했고 앞으로 어떤 삶을 살아야 할 것인가에 대해 고찰할 수 있었습니다. 아버지가 주신 교훈 덕분에 대학을 한번 떨어졌을 때도 실망하기보다 2보 전진을 위한 1보 후퇴라 생각했습니다. 대학입학 후에는 가정형편상 경제적인 독립이 절실했습니다. 등록금은 교내외 장학금으로 해결할 수 있었고 과외를 비롯해 도서관 근로, 게임사, 마트에서 일하며 생활비를 충당했습니다. 학업도 게을리 하지 않았습니다. 등록금을 받아야 한다는 현실적인 목표도 있었지만 학업을 충실히 하는 것이야말로 가장 현명한 투자라고 생각했습니다. 꾸준히 4점대의 학점을 유지하면서 전공에 대한 이해를 돕고자 미국GARP에서 인증하는 파생상품과 위험관리 자격증인 FRM을 취득했습니다. 우물 안 개구리에서 벗어나기 위해 외부활동에도 충실했습니다. 다양한 사람과 만나 의견을 공유하면서 대인관계의 폭을 넓혔습니다.

2. 장점과 단점

"어느 한 분야의 전문가가 되기 위해서는 그 분야만 알아서는 안 된다." 1800년대 미국의 대법관이었던 홈즈는 전문가의 자질로 다양한 분야에 대한 관심을 언급했습니다. 저는 여신심사 분야의 전문가가 되기 위한 노력 이외에 다양한 사회 현상에 대해 관심을 가졌습니다. 그리고 새로운 대상에 관심이 간다면 결단력 있게 행동합니다. 미련을 가지는 것보다 후회하는 것이 낫다는 평소의 지론대로 일단 시작한다면 좋은 결과를 얻기 위해 최선을 다합니다. 이런 성격이 가끔은 성급한 판단으로 이어지기도 하지만, 구더기 무서워 장 못 담그지는 말아야 한다고 생각합니다.

3. 특별히 잘하는 것?

저는 야구 기록을 잘 다룹니다. 야구가 기록의 스포츠이기도 하지만 기록을 분석해 이면에 숨어 있는 의미를 찾아내는 것을 즐깁니다. 특히 기록을 분해해서 남들이 잘 알기 어려운 기록의 특징을 끄집어내는 데 자질이 있습니다. 인터넷신문 프리존뉴스에서 인턴으로 근무할 때도 야구기사를 도맡아 썼습니다. 2007년도 투수와 타자의 숨은 기록을 분석해 좋은 반응을 얻었고 FA의 몸값논란이 일 때는 옵션가치분석법인 콕스-루빈스타인 이항모형으로 선수들의 몸값에 숨어 있는 비밀을 풀어보았습니다.

4. 전공 이외 관심분야는?

저는 정치에 관심이 많습니다. 어떤 사회현상도 정치와 떨어질 수 없다고 보기 때문입니다. 집권당의 성향, 정책의 방향 등에 따라 기업도 활동할 수 있는 폭이나 범위가 달라집니다. 역량 있는 사회 구성원이 되기 위해서는 정치적인 변화에도 귀를 기울일 필요가 있다고 생각합니다. 저는 정치적 사안에 관심을 갖기 위해 OOO라디오를 즐겨 듣습니다. 각종 정책에 대해 다양한 전문가의 의견을 들을 수 있어 균형 잡힌 정치의식을 키우는 데도 도움이 됩니다.

5. 취미나 특기는?

저는 시간이 날 때면 산을 찾습니다. 산에 올라 세상을 바라보면 막힌 가슴이 확 뚫립니다. 대학에 입학한 이후 외부활동으로 만난 친구들과 '산누리' 활동을 하며 전국의 산을 누볐습니다. 대학생활을 하며 100개의 산에 오르겠다고 다짐했는데 지금까지 91개의 산에 올랐습니다. 산에 오르며 매번 느끼는 성취감은 앞으로 사회 생활을 하는 데 큰 도움이 될 것이라 생각합니다. 산에 오르게 되니 자연스럽게 사진에 관심을 가지게 됐고 지금은 사진이 또다른 취미가 되었습니다. 다양한 모임에서 사진을 담당하면서 더 많은 사람들과 친해질 수 있었던 것은 사진이라는 취미가 제게 준 큰 행운이라고 생각합니다.

6. 자신만의 특별한 경험은?

저는 언론사에서 인턴으로 일했습니다. 중앙일보 경제부에서는 부동산, 기업, 소비자경제 등 다양한 분야의 기사를 쓰면서 경제현상의 메커니즘을 익혔습니다. 기사를 쓰면서 기사도 하나의 상품이라는 생각을 했습니다. 좋은 기사는 잘 쓴 기사가 아니라 독자가 원하는 정보를 읽기 쉽게 쓰는 기사라는 것을 깨달았습니다. 이 점은 제가 앞으로 사회생활을 하는 데 큰 지침으로 삼을 생각입니다. 어떤 업무를 담당할 때 소비자의 입장에서 생각할 필요가 있습니다. 아무리 좋은 제품이라도 소비자의 외면을 받는다면 시장에서 도태됩니다. 이런 경험은 제가 만약 영업팀에 속해 일을 할 때 효성캐피털의 리스상품을 소비자에게 전달하거나 혹은 상품개발팀에서 상품을 만들 때도 큰 도움이 된다고 생각합니다. 프리존뉴스에서는 경제, 사회, 문화, 연예, 스포츠 등 종류에 구애받지 않고 다양한 기사를 썼습니다. 이곳에서 일을 할 때 제가 얻은 것은 하나의 현상을 그 다른 파급효과를 생각하는 점입니다. 기자를 하지 않았다면 쉽게 넘어갔을 일에도 관심을 갖고 보는 습관을 가지게 됐습니다. 이런 습관은 업무 수행과정에 생기는 문제를 해결하는 데 도움이 될 것입니다.

7. 지원동기는?

IT를 비롯한 전자, 광학, 기계 기술의 발전은 제품의 수명주기를 단축시키고 동시에 신제품의 출시주기는 더욱 앞당기고 있습니다. 시설의 감가상각은 예전보다 더 빠르게 잡히고 있고 대량의 시설교체로 인한 효용기간은 큰 폭으로 줄어들었습니다. 특히 감가상각이 큰 자동차나 설비시설은 수요자들도 구입보다 리스로 구매패턴을 바꾸고 있습니다. 사회 변화에 발맞추어 리스업은 금융산업에 있어 더 많은 비중을 차지할 것이라 생각합니다.

효성캐피탈은 리스업에 진출한 지 불과 5년밖에 되지 않았지만 오토리스와 의료시설 등의 분야에서 경쟁력을 갖추고 있습니다. 또한 철저한 리스관리로 높은 신인도를 유지하고 있는 점은 우량여신전문금융사로 발돋움하는 데 좋은 기반이 된다고 봅니다. 여신심사분야의 전문가를 꿈꾸는 저에게 효성캐피털은 꿈을 펼칠 수 있는 기회가 될 것이라고 생각합니다. 입사 후에는 신용과 여신에 대한 실무적인 능력을 배우겠습니다. 실무와 병행해 신용분석 자격증인 CRA를 취득해 전문가로 가는 기반을 마련하겠습니다. 무엇보다 신입사원으로서의 열정과 패기있는 모습으로 효성캐피탈에 꼭 필요한 인재라는 점을 보여드리겠습니다.

객원저자 이명섭 씨의 자기소개서다. 이 씨는 자신의 강점과 포부를 구체적이면서 효과적으로 진술했다.

● 장점

담담하게 표현했지만 장점은 다 있네 이 씨는 자기의 성실함을 담담히 표현했다. 4점대의 학점이나 FRM과 같은 자격증이 그렇다. 성실함에 재무 관련 자격증까지 있으니 면접장에서 호의적인 분위기를 겪는 것은 어찌 보면 당연한 일이다. 이 씨는 오히려 담담한 서술로 자신의 학점과 자격증이 '주머니 속의 송곳' 처럼 돋보이게 했다.

구체적인 포부 구체적인 포부도 눈에 띈다. 특히 자신의 FRM 자격증을 활용해 CRA라는 구체적 목표를 제시한 것은 매우 좋은 예다. 읽는 사람으로 하여금 이 씨가 어떤 커리어 패스를 펼칠지를 한눈에 짐작할 수 있게 하기 때문이다.

회사의 'as-is' 와 'to-be' 를 아는 지원자 이 씨의 자기소개서는 효성캐피탈이 진출한 리스업의 산업구도와 그 중 회사의 포지션은 어떤지, 또 자신은 이런 회사 상황에서 어떤 역할을 할 수 있는지를 효과적으로 나타냈다는 점에서 우수하다. 이는 회사에 대한 꾸준한 관심을 통해 체득할 수 있는 것으로, 소위 'Copy&Paste족' 은 따라갈 수 없는 벽이 된다.

재미있는 사고방식 독자들이 특별히 음미할 점은 옵션가치분석법으로 알아본 야구 스타의 몸값 부분이다. 어찌 보면 재미로 넘어갈 수 있겠지만, 면접관에게는 큰 관심사가 될 수 있다. "저 지원자는 얼마나 재무를 좋아하기에 저런 취미가 있을까"라는 의문을 줄 수 있다.

● 단점

사실 이명섭 씨의 자기소개서는 단점이 거의 없다. 그러나 단점을 하나 짚으라면 '취미' 다. 등산은 너무 식상하다. 등산이라는 취미가 재미없다는 이야기가 아니라 너무 많은 지원자가 등산을 취미로 꼽아왔다. 등산 외에도 해외여행, 독서, 쇼핑 등의 취미는 쓰지 않느니만 못하다. 차라리 '옵션가치로 프로야구 분석하기' 를 취미로 했어야 했다.

또 하나, 자신의 색깔을 일관되게 드러내지 못했다. 정치에 관심이 많다, 산을 좋아한다, 사진도 좋다, 언론사에서는 이렇다 등 각각의 답변이 일관된 자신의 특성을 드러내지 못해 자칫 '중구난방' 한 느낌을 줄 수 있다. 질문이 다르더라도 대답하는 사람은 하나라는 점을 신경 쓴다면 좋았을 것이다.

◎ SK 건설

1. 우리 회사를 지원하게 된 동기와 희망직무 및 그 이유에 대해 서술하십시오.(9줄 이내)

우리나라의 자원은 무척이나 희박하고 특히 석유와 같은 핵심자원은 거의 전무합니다. 또한 많은 에너지를 소비하는 우리나라의 산업특성상 발전사업 또한 무시할 수 없는 부분입니다. 더불어 최첨단의 통신사업도 매우 중요합니다. SK건설은 우리나라의 기간산업인 정유/가스, 석유 화학, 발전, 통신 사업의 시너지 효과를 극대화할 수 유일한 기업입니다. 도전의식을 좋아하는 기업의 인재상은 저의 목표와도 일치하며 저의 미래를 설계하기에 최적의 기업이라고 판단됩니다. 대학시절 배웠던 전공 지식을 살려 플랜트 사업부의 사업관리를 담당하고 싶습니다. 꼼꼼하고 신중한 저의 성격은 한 치의 오차도 허용하지 않고 한순간의 방심도 있어서는 안 될 사업관리부서에서 최고의 능력을 발휘할 수 있을 것입니다.

2. '자신'에 대해 기술하십시오.(9줄 이내)

성장과정, 자신의 강약점(각각 3가지 이상), 가족사항 등_전파 감시국에서 근무하셨던 아버지와 어머니 그리고 2남 2녀의 막내아들로 태어나 어려서부터 정직을 기본소양의 자세로 가르침을 받았고 과학에 관심이 많아 지금의 공학도로 거듭나게 되었습니다. 책임감이 강하여 이유가 없다면 중도에 포기하지 않습니다. 항상 긍정적인 생각을 하는 것이 저의 장점이며 친화력이 강하여 주변 사람으로 하여금 신뢰감을 주며, 집단 내에서는 없어서는 안 될 꼭 필요한 존재로 인식되고 있습니다. 단점으로는 욕심이 다소 많아 마음이 앞서는 경우가 있고 거절을 잘 못하여 주변으로부터 부탁을 많이 받아 항상 바쁘게 생활하는 것입니다. 또한 남에게 지는 것을 무척이나 싫어하여 상처를 많이 받을 때가 있습니다. 이런 단점들은 개선하고자 부단히 노력하고 점차 장점으로 발전시킬 수 있도록 정진하고 있습니다.

3. 나의 삶 속에서 겪은 사회생활과 해외경험에 대해 서술하십시오.(9줄 이내)

동아리 활동, 봉사활동, 사회활동, 해외연수 경험 등_학술토론 동아리를 통해 다양한 독서 경험과 시사에 대하여 관심을 가지고 사고의 폭을 넓혔고 테니스 동아리를 통해 사람들과 함께 땀을 흘리며 체력을 키웠습니다. 다양한 아르바이트 등으로 사회에서 살아가는 방법을 배웠고 대통령경호실에서 작전병 임무를 수행하며 행정업무의 기초를 다질 수 있었습니다. 또한 농촌봉사활동이나 대한 에이즈예방협회에서의 봉사 활동 등의 여러 가지 사회경험을 통하여 인성의 발전에도 소홀 하지 않도록 노력하였습니다. ○○텔레콤이 후원하고 ○○문화 표현단이 주최하는 '대학생 60인의 문화독립기행'을 수료함으로써 그 동안 소홀했던 한국문화의 우수성을 다시금 깨달을 수 있게 되었고 유럽 배낭여행을 통하여 넓은 안목을 넓힐 수 있었습니다.

4. 내 삶에 있어 가장 기억에 남는 일에 대해 상세히 기술하십시오.(15줄이내)

사건, 원인, 과정, 결과를 중심으로 예) 인생에서 가장 힘들었던 경험/실패사례 및 가장 큰 성취사례_26년의 인생은 제가 앞으로 살아가기 위한 초석을 마련한 시기입니다. 학문적 성취 이외에 가장 큰 성취라고 생각되는 부분은 군 시절 공수교육을 수료한 것입니다. 고소공포증이 있었던 저에게 있어 하늘에서 낙하산을 타고 내려온다는 것은 상상만으로도 힘든 일이었습니다. 하지만 "할 수 있다." 라는 신념 아래 그토록 힘들다는 훈련과정을 밟아가며 자신감이 생기기 시작하였고, 결국 떳떳하게 공수수료장을 받을 수 있었습니다. "정신력만 강하게 지닌다면 불가능도 없다."라는 명언을 몸소 체험할 수 있었던 기회였고 제 인생의 큰 전환점이 된 역할을 하기도 한 소중한 경험이었습니다.

가장 힘들었던 경험은 작년 아버지께서 갑작스럽게 암 판정을 받으신 것이었습니다. 공무원의 수입만으로는 많은 자녀의 교육을 감당하시기 힘드셨던 아버께서는 오래전부터 농사를 병행하셨습니다. 농사를 지으신지 50여년이 지난 작년 여름 '악성 흑색종' 이라는 피부암 판정을 받으셨습니다. 이제 대학 졸업하여 부모님께 효도를 드려야겠다고 생각했던 저에게는 하늘이 무너지는 것과 같은 것이었습니다. 다행히 암 조직이 전이되지 않아 이식수술만 하였지만 수술 후 아버지를 간병했던 시간은 저를 성숙하게 하고 세상에 대해 보는 시각을 다르게 해주었습니다. 그 후 전 저의 삶이 저만의 인생이 아님을 깨닫고 하루하루 헛되이 보내지 않기 위해 성실하게 살고자 노력하고 있습니다.

5. 기타 우리 회사에 하고 싶은 말이 있으면 기술하십시오.(5줄 이내)

국내기업 중 SK그룹은 사회적으로 많은 활동을 하고 있습니다. 또한 이러한 활동은 실제적으로 많은 효과를 이루고 있으며 그만큼 기업에게도 많은 도움이 된다고 판단됩니다. 그중 SK건설은 실제로도 주거관련 및 불우이웃돕기 행사 등을 많이 주최하고 있는데 이는 매우 바람직한 일이라고 생각됩니다. 앞으로도 꾸준하게 이러한 활동이 이루어졌으면 좋겠습니다.

익명의 객원저자가 투고한 자기소개서다. 편의상 A 씨라고 하겠다. 공대를 나온 A 씨는 '공대생답지 않은' 수려한 문체로 읽는 사람의 관심을 놓지 않았다. 1번 문항부터 5번 문항까지 쉼 없이 읽을 수 있는 수작이다.

● 장점

군대 이야기 '선방했다' 우선 A 씨의 자기소개서는 군대 애기를 '애기되도록' 풀어냈다. 많은 지원자들이 지금 이 순간에도 군대 이야기로 지면을 낭비하고 있는 것이 사실이다. 군대 고참에게 갈굼당한 이야기, 사고칠 뻔한 이야기는 식상할 뿐더러 인사담당자의 관심도 끌 수 없다. 그러나 대통령 경호실의 작전병을 했다든가 공수 훈련을 수료했다는 정도의 군대 이야기라면 충분히 '애기가 된다'고 볼 수 있다. 이 정도의 이야기가 아니라면 군대 이야기는 쓰지 않기를 바란다.

공대생 치고 다양한 경력 공대생을 비하하려는 것이 아니다. '공부할 것이 많아서'라지만 공대생들은 인문계 전공자들에 비해 소위 '경력'이 턱없이 적다. 언제까지나 '전공공부가 많아서' 화려한 경력이 없음을 변명할 수 있는 시대가 될까? 앞으로는 화려한 경력이 있는 공대생이 나올 것이다. 독자들은 A 씨의 자기소개서를 읽으면서 자신의 현 주소와 비교해보기 바란다.

● 단점

애매한 서술 자기소개서 곳곳에 애매한 서술이 보인다. 학술 토론 동아리에 대해서는 '다양한 독서 경험과 시사'라는 말뿐, 어떤 경험과 어떤 시사적 상식을 쌓았는지에 대한 이야기가 없다. 물론, 면접관이 질문을 할 수도 있겠으나, 미리 언급해주는 친절함은 기본이다. '국내기업 중 SK그룹은 사회적으로 많은 활동을 하고 있습니다.' 라는 표현에서도 어떤 활동을 했는지가 없다.

진부한 표현 '26년의 인생은 제가 앞으로 살아가기 위한 초석을 마련한 시기' 라며 군대 이야기를 꺼냈다. 아무리 재미있어도 군대 이야기는 '군대 이야기' 다. 진부하게 읽힌다. 또 성장과정이 진부하다는 문제점도 있다. 아버지와 어머니의 영향을 언급하는 것은 특이한 부모님 밑에서 자란 것이 아니라면 쓰지 않는 것이 좋다. 가독성이 떨어지기 때문이다.

교과서식 서술 맨 앞에 서술한 "우리나라의 자원은 무척이나 희박하고 특히 석유와 같은 핵심자원은 거의 전무합니다. 또한 많은 에너지를 소비하는 우리나라의 산업특성상 발전사업 또한 무시할 수 없는 부분입니다. 더불어 최첨단의 통신사업도 매우 중요합니다." 라는 표현은 사실 필요가 없었다.

1. 지원동기(500자 내외로 작성)

아시아뿐만 아니라 세계적으로 그 서비스와 명성에서 최고를 달리는 대한항공에 지원하고 싶었습니다. 대한항공에 입사한 선배로부터 들어온 자부심과 그 서비스 마인드는 저에게 매력적이었고, 저 역시도 전 세계에 한국의 이미지를 알리고 최고의 서비스를 제공하고 싶었습니다.

대한항공에 입사하게 된다면, 멤버십의 가치를 바탕으로 고객에게 다양한 가치를 제공하고 싶습니다. 제주시 발전을 위한 연구논문대회와 한국 썬마이크로시스템즈 공모전을 통해 품어온 고객 지향적 마케팅 전략에 대한 소신과 로레알코리아, 주한 캐나다 교육원, 야후 코리아 등을 통해 배워온 마케팅 전략 등을 바탕으로, 대한항공의 멤버십이 항공 서비스 이용 고객에게 일종의 '특권' 이 될 수 있도록 만들고 싶습니다.

2. 인생에서 이룬 가장 큰 성취(500자 내외로 작성)

군 복무 시절 한국 썬마이크로시스템즈의 마케팅 공모전에 입상한 경험이 있습니다. 당시 공고를 늦게 보아 10일 정도밖에 주어지지 않은 상태에서 열정만으로 시작했고, 사회에 있던 친구를 공저자로 영입하여 함께 10일 간 밤을 새 가면서 마케팅 전략안을 제출했습니다. 학원산업을 통한 오피스웨어 사용자 육성이라는 주제로 작성한 전략안은 비록 짧은 자료 수집과 작성기간에도 불구하고 3위에 입상하였습니다.

이 경험을 통해 제 자신의 역량에 대한 자신감을 가질 수 있었으며, 이 자신감은 저에게 있어 열정의 원동력이 되고 있습니다.(중략)

3. 자신의 성격(강점/약점)(500자 내외로 작성)

학원을 하시는 아버지와 전직 여군 출신의 어머니 밑에서 예절과 정직을 신조로 삼으며 자랐습니다. 특히 오락실에 가고 싶어 50원을 훔쳤다가 어머니 손에 이끌려 경찰서를 다녀왔던 7살 때의 경험은 지금도 저에게 정직의 가치를 일깨워 주고는 합니다.

강점으로는 한번 시작한 일은 끝내는 습관, 다년간의 경험으로 인한 상담 능력, 해외 친구들과 쉽게 친해지는 것이며 약점으로는 사건을 바라볼 때 단점을 먼저 바라보는 것, 할 말은 해야 하는 것, 너무 많은 일을 한 번에 하려고 하는 점이 있습니다. 이를 보완하기 위해 사물을 비판적으로 바라보되 치밀하게 보완하려고 하며, 완곡히 말하려고 노력하고, 또 매사에 선택과 집중을 습관화하고 있습니다.

4. 입사 후 계획 / 포부(500자 내외로 작성)

입사 후에는 대한항공 스카이패스 멤버십의 가치를 끌어올리고 싶습니다. 현재 스카이패스는 고객들에게 마일리지를 위한 도구 그 이상도 이하도 아닙니다. 그러나 스카이패스는 회사의 입장에서 회원 관리를 위한 중요 수단이고, 따라서 고객들이 스카이패스를 자랑스럽게 가지고 다닐 수 있도록 관리를 해보고 싶습니다.

세계 유수의 항공사라는 현 위치에 자만해서는 대한항공의 항구적인 발전을 보장할 수 없다고 생각합니다. 기존 고객의 충성도를 더욱 공고히 하고, 새로운 고객에게 매력적으로 다가갈 수 있는 멤버십 개발을 통해 10년, 20년 뒤에도 대한항공을 세계 최고의 항공사로 유지시키고 싶습니다.

필자가 대한항공에 지원했을 당시 작성한 자기소개서다. 졸작이지만 장단점을 소개해 본다.

● **장점**

자신만의 대안과 성과 필자는 자기소개서를 쓸 때 '나만의 대안'을 제시하려고 노력한다. 어떤 회사에 지원하든지 회사를 지원하는 신입사원이라면 포부가 있을 것이다. 필자가 제시한 아이템은 멤버십의 가치를 올리겠다는 것이다. 이를 뒷받침하기 위해 그 동안 마케팅 관련 공모전에서 입상한 경력을 제시했다.

로열티를 충분히 보여줬다 대한항공은 서비스 기업이다. 자사의 서비스를 고객이 누리는 '특권'으로 만들겠다는 포부는 회사에 대한 로열티를 보여준다. 또한 스카이패스 멤버십에 대해 고객이 느끼는 가치를 경영학적 틀인 '생애 가치'를 원용해 분석함으로써 지원자가 생애를 대한항공에 바치겠다는 암시를 줌과 동시에 자신의 포부가 단기적인 것이 아님을 표현했다.

● **단점**

너무 추상적이다 사실 이 자기소개서를 책에 넣을지 말지를 고민했다. 필자가 쓴 자기소개서 중 가장 추상적인 것 중 하나이기 때문이다. 기존 고객의 충성도를 어떻게 높일 수 있을지에 대해 어떤 단어를 조어造語를 해서라도 구체적인 계획안을 제시해야 하는데, 그렇지 못했다. 약간은 뜬구름 잡는 이야기처럼 들리는 오류를 범했다.

약점 부분이 가식적이다 '할 말은 하는 것', '너무 많은 일을 한 번에

해야 하는 것’은 단점도 약점도 아니다. 이는 자신이 워크홀릭이라는 점을 보여주는 가식에 불과하다. 물론 당시 필자의 수준이 떨어져서겠지만, 지금 본 자기소개서를 다시 보니 얼굴이 빨개진다. 독자들은 이런 우를 범하지 않기를 바란다.

하나를 말해도 알아듣게 하라 필자는 짧은 지면에 자신의 스펙을 모두 쏟아 넣으려고 노력했다. 사실 많은 지원자들이 고민하는 부분이기도 하다. 그러나 스펙을 쏟아넣다 보면 정작 자기소개서는 키워드가 뒤죽박죽 ‘동동 떠다니는’ 글이 된다. 하나를 말해도 확실하게 서술하라.

1. Why would you like to be a management consultant and why would you like to join HCG?

직업을 선택함에 있어 제가 가장 중요하게 생각하는 기준은 그 직업이 속한 산업과 기업의 비전, 그리고 직업과 저 자신과의 적합성입니다. 저는 제 삶에 있어 안정보다는 도전을, 약속된 성공보다는 노력을 통한 성취를 더욱 소중하게 생각합니다. 경영 컨설턴트는 이런 저의 가치관에 부합하는 직업입니다. 경영 컨설턴트는 그 자체로는 아무것도 보장하지 않지만, 끊임없는 자기발전의 기회를 제공하고, 스스로의 노력과 재능에 따라서 더 큰 성취를 이룰 수 있는 발판을 마련할 수 있기 때문입니다.

저는 저의 컨설턴트로서의 적합성을 세계적인 경영 컨설팅 회사인 Booz Allen Hamilton에서 R.A로 근무하며 확인할 수 있었습니다. 저는 올해 9월부터 Booz Allen Hamilton의 고객사인 Posco의 경영 혁신 프로젝트에 참여하여, 처음에는 제한된 업무만을 담당하였습니다. 하지만 곧 내부 직원들을 대상으로 한 설문조사 설계에 참여해 설문 조사의 신뢰성을 높이기 위한 Dummy Question 도입을 제안하여 그 창의성과 업무에 임하는 적극적인 태도를 인정받았습니다. 또한 저 역시 직급에서 비교적 자유롭게 자신의 능력과 적극성을 보일 수 있는 컨설턴트의 매력을 크게 느낄 수 있는 기회가 되었습니다.

제가 경영 컨설팅 분야에서 특히 관심이 있는 분야는 HR입니다. 저는 심리학을 전공하며 HR 컨설팅에 유용한 조직 행동과 집단 심리에 대해 배울 수 있었고, 조사 결과들을 계량화하는 다양한 도구들에 대해서도 공부할 수 있었습니다. 또한 육군 56사단 인사처에서 장교 보직을 담당하며 장교 다면평가, 정기 평정 등의 업무를 진행하기도 하였습니다. 또 제가 근무하던 기간에 e-HR 시스템이 도입되어 e-HR 시스템이 HR 업무에 얼마나 큰 효율성을 도모할 수 있는지 직접 경험하였습니다. 저는 군대에서 인사 업무를 2년 동안 담당하면서 조직에는 전반적인 효율성의 향상을, 개인에게는 일을 통한 자아실현을 도울 수 있는 HR 업무가 저의 적성에 부합한다고 판단하였습니다. HR 컨설팅은 제가 속한 조직뿐만 아니라, 제가 맡게 될 프로젝트의 고객사 임직원 모두에게 영향을 끼칠 수 있다는 점에서 단순히 기업에서 HR업무를 담당하는 것보다 직업으로서의 매력이 더욱 크다고 생각합니다.

HR 컨설팅 회사 중 제가 가장 일하고 싶은 회사는 HCG입니다. HCG는 글로벌 컨설팅 회사가 서열의 상위를 차지하고 있는 컨설팅 업계에서, 차별화된 가치를 전달함으로써 세계 유수의 컨설팅 회사들을 제치고 조직/인사 컨설팅 업계에서 선두를 차지하고 있는 기업이기 때문입니다. 단순히 매출과 고객사 수에서 선두를 차지하고 있다는 사실보다 중요한 점은 HCG가 글로벌 스탠더드의 단순한 대입에 그치지 않고, 고객사에 진정한 가치를 전달하기 위한 고민과 노력이 업계에서 인정받고 있는 점이라 생각합니다. 또한 HCG는 이러한 경험과 경쟁력을 바탕으로 아시아 HR 컨설팅 시장에 진입하려는 노력을 기울이고 있는 것으로 알고 있습니다. 이러한 HCG의 비전은 저에게 큰 울림으로 다가왔으며, 이 비전을 실현하는 데 저의 역량을 보태고 싶은 소망을 가지게 하였습니다.

저는 앞으로 HCG의 컨설턴트가 되어, 이러한 HCG와 저의 비전을 동시에 실현하기 위해 최선을 다하고 싶습니다.

2. What are your short-term and long-term goals?

저의 short-term goal은 HCG에 컨설턴트로 입사해 다양한 프로젝트를 경험하며 HR 컨설턴트로서의 역량을 쌓는 것입니다. 특히 M&A 상황에서 두 기업이 시너지 효과를 낼 수 있도록 조직을 개편하고, 조직 문화를 조정하는 데 관심이 있으며, 최근 도마에 오른 공공 부문의 효율성을 제고하도록 공공 기관의 인적 자원 관리 개선 케이스에도 참여하고 싶습니다. 그리고 조직 전체의 효율성을 도모하는 케이스 외에, 개개인이 조직에서 자아 성취를 이룰 수 있도록 돕는 경력 개발 제도 설계 등의 프로젝트도 꼭 경험하고 싶습니다.

저의 long-term goal은 크게 두 가지로 나눌 수 있습니다. 첫 번째는 글로벌 M&A 상황에 대처할 수 있는 인적 자원 관리 전문가가 되는 것입니다. 한국 경제는 앞으로 더욱 개방된 체제가 될 수밖에 없으며, 이런 상황에서 한국 기업간의 M&A 못지않게 한국 기업과 외국 기업의 M&A 케이스도 더욱 빈번하게 발생할 것입니다. 이 경우에는 조직 문화의 차이와 구성원 간의 위화감이 국내 기업간의 M&A 경우보다 더욱 심할 것이기에, HR 컨설턴트가 활약할 여지가 더욱 크다고 생각합니다. 또한 한국 기업들의 해외 진출이 더욱 활발해지면서 현지 기업과의 M&A를 도울 수 있는 인적 자원 관리 전문가의 수요가 늘어날 것이라 생각합니다. 저는 이 역할을 제가 담당하여, 저의 가치를 높이는 동시에 한국 경제의 글로벌화에 일익을 담당하고 싶습니다. 두 번째는 회사의 구성원들의 정신 건강을 전문적으로 진단하고 개선하는 서비스를 제공하고 싶습니다. 한국 경제의 중심이 지식 산업으로 이동하면서, 앞으로 각 회사의 구성원은 일정한 생산성과 비용으로 환원되는 데 그치지 않고, 미래의 더 큰 생산성을 위한 투자의 대상으로 고려될 것이라고 생각합니다. 이를 위해서는 사후적으로 조직원들의 정신 건강을 점검하고 개선할 수 있는 서비스가 필요할 것이라고 생각합니다. 저는 HR 컨설턴트로 경력을 쌓은 후, 제 전공인 심리학과 연계하여 조직원들의 정신 건강을 개선할 수 있는 서비스나 경로를 제공하고 싶습니다. 작년 가을 고려대학교 대학원 인터넷 중독팀에서 활동하면서, 저는 많은 사람들이 대수롭게 생각지 않는 정신적인 문제들이 생각보다 다수의 사람들에게 발견된다는 사실을 알고 크게 놀랐습니다. 이미 한국 경제도 성숙기에 도달하였고, 조직원 한 사람 한 사람이 예전과는 다른 가치를 지니고 있는 만큼 조직에서의 복지와 정신 건강을 사후적으로 점검하고 개선하는 서비스에 대한 수요가 발생하리라 생각하고, 제가 그 역할을 담당하고 싶습니다.

저의 두 갈래 비전은 앞으로의 경험에 따라 하나로 수렴될 것이라 생각합니다. 두 개의 비전 모두 저의 역량을 모두 투자하여도 모자랄 만큼 크기 때문입니다. 하지만 저는 어떤 비전을 선택하더라도 그 선택이 저와 제가 속한 사회에 매우 의미가 있으리라 믿고, 반드시 저의 비전을 실현할 수 있도록 끊임없이 노력할 것입니다.

3. What can you contribute to and benefit from HCG?

저는 제가 앞에서 언급한 저의 비전을 통해 HCG에 공헌할 수 있고, 또 HCG는 저의 비전을 실현하기 위한 최선의 선택이라 확신합니다. HCG는 앞으로 지속적으로 차별화된 서비스를 통해 국내 시장에서 선두의 위치를 고수해야 하고, 아시아 지역 진출을 통해 새로운 성장 가능성을 타진할 것입니다. 이를 위해서는 국제적인 M&A 케이스에 투입할 수 있는 전문 인력이 필요할 것입니다. 저는 지금은 이런 수요를 만족시킬 역량을 가지고 있지 않지만, HCG에서의 업무 경험을 통해 이런 수요를 감당할 수 있는 자원으로 성장할 수 있으리라 확신합니다. 저는 이런 저의 비전으로 JobKorea에서 개최한 영어 에세이 콘테스트에서 2위에 입상하기도 하였으며, 교내 외국인 교환학생 도우미로 활동하며 진취적이고 적극적인 마인드를 함양하기도 하였습니다. 이런 저의 노력과 HCG에서 배양될 HR 컨설턴트로서의 역량이 합쳐진다면, 글로벌 M&A 케이스를 감당하기에 충분한 전문가가 되는 것이 먼 미래의 일은 아니라고 생각합니다.

또한 HCG는 국내 HR 컨설팅 분야의 선도기업으로, 항상 고객사에 실제적인 가치를 전달하고자 노력한 만큼 앞으로 발생한 HR 분야의 새로운 수요에 대한 고민도 먼저 이루어지리라 생각합니다. 제가 두 번째로 언급한 비전의 경우 아직 실제적인 수요가 나타나지 않은 상황입니다. 그러나 저는 곧 이에 대한 수요가 나타나리라 생각하고, 저의 이 고민을 포함한 HR 분야에서의 새로운 이슈를 고민하기에 HCG가 최적의 장소라고 생각합니다.

컨설팅 회사의 컨설턴트 한 명 한 명은 비용과 생산성으로 환원되는 단순한 인적 자원이 아니라, 지속적인 투자와 노력에 따라 생산성이 향상되는 가변적인 자원이라 생각합니다. 저는 HCG에서 최고의 HR 전문가로 성장하고 싶으며, 전문가로 성장한 저 자신을 통해 HCG에 기여하고 싶습니다. 또한 제 자신이 그러한 자질을 갖고 있다고 확신하며, 앞으로 주어질 기회를 통해 저의 그러한 면모를 보여드리고 싶습니다.

객원저자 유용수 씨가 HCG라는 국내 컨설팅 업체에 낸 자기소개서다. 지금이야 훌륭한 인사 컨설턴트로 활약하고 있지만, 이 자기소개서를 쓸 당시만 해도 아쉬움이 많았다. 지금은 훌륭한 인사·조직 컨설턴트인 만큼 취업준비생 당시의 자기소개서에 대해 장점은 생략하고 단점 위주로 살펴보자.

● 단점

뜬구름 잡는 도입 유 씨의 자기소개서의 앞부분은 '뜬구름 잡는 이야기'로 일관하고 있다. 사실 컨설팅이라는 것이 다소 이론적인 논의가 필요한 것은 사실이나, 컨설턴트로서 자신의 직업관에 대해 구구절절히 열거하는 것은 그리 효과적이지 않은 방법이다.

지원 동기가 뭐야? HCG에 오고 싶은 이유에 대한 근거도 부족하다. 단지 업계에서 인정받고 있다는 이유로, 세계적인 컨설팅 기업과 경쟁한다는 이유로 지원하는 것은 부족하다. 상당히 경영철학적인 내용으로 일관한 도입부에 비해 지원 근거 파트에서는 오히려 경영 철학적 고찰이 부족한 점이 있다.

컨설팅 공부 좀 했구나? 또 유 씨는 MECE와 같은 소위 컨설팅 툴의 틀 안에 자신을 가둬버린 문제점을 보였다. 경영학 좀 공부했다고 하는 사람들은 너나 할 것 없이 일단 케이스를 쪼개고 본다. 그러고 나서 이를 통합한다. 물론 매트릭스적 인식 툴은 훌륭하지만, 학생들이 무작정 매트릭스적으로 생각하려고 하면 자기소개서가 이상해진다. "저의 long-term goal은 크게 두 가지로 나눌 수 있습니다"라는 식의 서술은 피하도록 한다. 굳이 둘로 쪼개어 보지 않아도, 일맥상통하는 주제가 아닌가. 하나의 큰 틀 속에서 조목조목 설명하는 편이 낫다.

◎ KT

1. 자기소개(일부 생략)

❶ 지원동기

7, 80년대 국민 모두에게 전화를 설치해 준 선도 기업 KT의 이미지를 기억합니다. 이제는 통신 전문기업으로 거듭나 국민 모두가 IT기술의 혜택을 받고, IT기술을 바탕으로 새로운 부가가치를 창출해 줄 수 있도록 이끌어야겠다는 생각에 KT에 도전장을 내게 되었습니다. IPTV를 비롯한 각종 IT 이슈에 있어 국민 모두에게 혜택이 가는 서비스를 기획하고, 이를 바탕으로 KT에 지속적인 이익을 창출할 수 있도록 노력하고 싶습니다.

❷ 입사 후 포부 및 역할/기여도

입사하게 된다면, KT에서 추진하고 있는 IPTV 프로젝트에 고객의 시각을 담아보고 싶습니다. 단순히 편리하므로, 고객 지향적이므로 사용해야 한다는 논리가 아니라 기존의 TV나 인터넷, 케이블TV 등의 매체에서 느낀 불편함을 파악하여 이를 바탕으로 IPTV를 고객지향형 TV 포털로 만들고, 이를 통해 부가가치를 창출하는 데 제 모든 역량을 쏟아보고자 합니다.

2. 역량기술서

❶ 주인의식 : 열정을 가지고 일한 경험

CBS 노컷뉴스에서는 네이버에 뜨는 회사의 얼굴이라는 생각으로 열심히 취재하였습니다. 기사의 질로 회사가 평가되기 때문이었습니다. 때문에 국립중앙박물관의 곳곳을 살피고, 밤늦게 지하철역에 가서 노숙자들과 대화하고, 새벽시장에도 가 보았습니다. 신체적으로는 고달 팠지만, 저 역시 회사의 대표라는 생각을 갖고 취재에 임했고, 기사의 반응도 좋았습니다.

❷ 열린 문화 : 커뮤니케이션 활성화를 위해 노력한 경험

제가 인턴으로 일했던 OOO사에서는 업무시간에는 상하관계에 구애 받지 않고 편하게 의견을 내놓지만, 정작 회식 등 비업무시간에는 위계 질서로 인해 긴장이 형성되는 경우가 많았습니다. 이를 해소해보기 위 해 제가 "망가져" 보았습니다. 폭탄주 테이블에 과감히 끼어들어 '원 샷'도 주도하고, 노래도 불렀습니다. 결국, 다 함께 스트레스를 해소하 고, 즐길 수 있었습니다. 다음 날 과음으로 고생했지만, 마음은 편안했 습니다.

❸ 자기계발 : 자기계발을 위하여 노력한 경험/달성

고객 교육의 가치를 알고, 이를 위해 다양한 아이디어를 모아 보았습 니다. 그 결과 한국 썬마이크로시스템즈의 마케팅 공모전에 입상할 수 있었습니다.

국제적 시각을 함양하기 위해 참가한 스위스 모의WTO에서는 아프 리카 쪽 학생들이 자신들의 입장만을 고집하여 합의서 작성에 애를 먹 었던 적이 있습니다. 그러나 그들의 입장에서는 그러한 요구조건이 일 리가 있었고, 5시간 동안의 토론 끝에 합의를 하기도 하였습니다.

❹ 팀워크 : 공통목표 달성을 위하여 성취한 일(갈등극복)

OO사에서 있었던 일입니다. 당시 각 제품별 스펙을 비교해 보고하는 프로젝트를 하고 있었습니다. 저는 가트너의 보고서 데이터베이스에서

비교분석자료를 찾고 있었는데, 최신자료가 없고 2~3년 된 자료뿐이었습니다. 제 보고를 받은 멘토께서는 2004년 자료를 그냥 쓰자고 하셨고, 1시간 뒤에 저는 상무님의 호된 질책을 받았습니다. 그러나 상사를 원망하기보다는 해결책을 찾는 것이 합리적이라고 생각했고, 2005~6년의 로 데이터를 찾아 그 양식에 맞춰 계산하여 정리하였습니다. 그날 저녁 무사히 보고를 할 수 있었음은 물론입니다.

필자의 자기소개서다. 이번에는 KT의 자기소개서를 통해 문항별 특이사항에 대해 알아보도록 하겠다.

● 스타일 분석 : 새로운 자기소개서 형식 및 스타일

총량 규제식 자기소개서 2006년 KT는 자기소개, 역량기술서 항목 아래에 소주제를 주었다. 그러나 분량은 소주제별로 규제하는 것이 아닌 자기소개 항목들의 총합, 역량기술서 항목들의 총합을 제한하는 방식이다. 이런 경우 총량의 제한 하에서 각각의 항목에 분량을 어떻게 배분할지를 고민해야 한다. 물론 총량의 제한보다 적게 쓴다면 문제가 없겠지만, 단 한 글자라도 자신의 강점을 PR해야 하는 지원자의 입장에서 이는 어불성설이다.

우선은 총량을 문항별로 정확히 배분하는 방법이다. 이는 일부 항목을 강조하다 몇 개 항목에 대해 간략한 답변만 할 수 있는 오류를 막아줄 수 있다. 필자의 경우도 우선 총량을 각 소주제 별로 나눠 놓은 다음 자기소개서를 작성했다. 그러나 이 경우 자신이 강한 부분에 대한 강조가 쉽지 않다. 자신의 강점이 드러나는 문항에 대해서는 어느 정도 분량을 할애해 강조하는 것도 효과적이다.

키워드를 제시했다 각각의 키워드는 KT에서 기업 활동을 하면서 모토 내지는 기업 가치로 고려하는 것들이다. 따라서 자기소개서의 작성에 있어 이러한 키워드에 대한 고민을 담아내야 한다. 필자의 경우 이러한 고민을 충분히 담아내지 못했던 아쉬움이 있다. 경영 철학 시대, 이제는 기업들이 자신의 경영 철학을 지원자들에게 묻고 있다. 단순히 '잘 할 수 있다', '난 이런 강점이 있다' 는 식의 접근은 곤란하다. 해당 기업의 비전과 미션은 무엇인지, 또 경영의 원칙, 최상위 콘셉트는 무엇인지에 대해 고민하는 자세가 필요하다.

공익적 성격이 있는 기업 KT뿐만 아니라 많은 공기업(민영화된 공기업을 포함한다)은 공익적 성격에 대한 고려가 필요하다. 국민 정서상, 또 기업의 뿌리 상 공익에 대한 고려를 하지 않으면 경영에 차질이 있을 수 있기 때문이다. 따라서 지원자는 공익에 대한 고려를 일정 부분 자기소개서에 녹여내야 한다. 민영화된 공기업에서도 이는 마찬가지다. 공기업 시절의 향수를 기억하는 윗사람들에게 있어 공익은 체화된 가치다. 물론 민영화에 맞춰 경쟁력을 강화하고 있지만, 공익은 예전부터 갖춰온 가치다. 따라서 지원자들은 공익에 대한 고민을 어느 정도는 자기소개서에 녹여내야 한다.

공익을 유지하면서 수익을 창출할 방안에 대해서도 고민해야 한다. 대부분의 지원자들이 해외 자원 탐방, 해외 수출 등 국외 사업에서 방안을 찾는 경향이 있는데, 국내 분야에서도 방안을 찾을 수 있고, 수출이 아니라 수입에서도 방안을 찾을 수 있다. 공기업의 수익 창출에 대한 편견을 버리고 창의적인 대안을 제시하도록 노력하자.

'커뮤니케이션' 본 자기소개서에서 가장 미묘한 부분은 역시 커뮤니케이션에 대한 질문이 아닐까 싶다. 열린 문화는 방종이 아니다. 즉, 무조건 자유로운 것이 열린 문화가 아니라는 것이다. 기업의 열린 문화는 주어진 절차와 규정을 준수한 상태에서 창의적인 아이디어로 수익을 창출하는 것을 말한다. 열린 문화라고 해서 격식이나 규칙을 무시해서는 안 된다.

많은 대학생들이 이런 점을 간과한다. 때문에 열린 문화에 대해 쓰라고 하면 자신이 술자리에서 망가진 이야기를 쓰거나 동아리의 회장으로서 활동한 이야기를 많이 쓴다.

필자 역시 이러한 오류를 답습했다. 그러나 이는 잘못됐다. 열린 문화는 비즈니스라는 문화 코드 하에서의 열린 토론 문화 정도의 개념임을 알아두자.

◎ 대우건설

1. 귀하가 금호아시아나그룹을 지원하게된 동기에 대해 서술해 주십시오.(100자 이상 500자 이내)

대우건설은 대한민국의 뜨거운 가슴입니다. 원자력, 화력 등의 발전 사업 분야에서 거침없이 성장하는 열정적인 모습은 저를 매료시키기에 충분했습니다. 평소 단호하고 맹렬히 추진하는 탱크라는 말을 많이 듣지만, 아직도 제게는 열정을 쏟을 공간이 부족했기에 대우건설에 지원했습니다. 그 중에서도 저는 최고의 플랜트 설계 전문가가 되고자 합니다. 학교에서 배운 것은 기본적인 수준이지만 대우건설에서 제 꿈은 기본기에 창의력을 가미한 사용자 지향적 발전소 설계입니다. 좀 더 사용자에게 편리하고, 작업자에게 안전한 설계를 하는 것이 제 당면 목표입니다. 물론, 대우건설의 설계력이 세계적 수준이지만, 저는 설계에 있어서 가장 따스한 설계라는 개념을 덧붙이고 싶습니다. 힘찬 패기와 열정, 끝없는 노력과 비전을 갖고, 대우건설이 세계를 이끄는 기업으로서 그 위치를 더해갈 수 있도록 노력하겠습니다.

2. 5~10년 후에 귀하의 경력 목표는 무엇이며, 그것을 추구하는 이유를 서술해 주십시오.(100자 이상 500자 이내)

플랜트 분야에서 뜨거운 열정을 가진 설계 전문가가 되어 있을 것입니다. 또한 세계화의 흐름 속에서 기업의 장기비전을 제시하고, 수요를 창출해낼 수 있는 개척자 같은 존재로 성장해 있을 것입니다. 학교에서 배운 기본적인 지식만을 보유한 현재와는 달리 끊임없는 노력으로 부족한 점을 채워 기본기에 창의력을 가미한 사용자 지향적 발전 설비를 설계하고 있을 것입니다. 신입사원 당시부터의 목표인 '좀 더 사용자에게 편리하고, 작업자에게 안전하며, 저비용으로 높은 만족을 줄 수 있는 발전 설비 설계의 꿈' 에 근접해 있을 것입니다.

히딩크 감독의 "나는 아직 배가 고프다"는 말처럼 지금의 당당한 위상에도 아직 만족하지 못하시다면 저 OOO를 눈여겨봐 주십시오. 도전정신과 성실함으로 한국축구를 정점으로 이끌었던 박지성 선수처럼, 저 OOO도 대우건설이 추구하는 목표에 다가설 때 그 한 부분이 되어 있기를 원합니다.

3. 귀하가 지원한 직무는 무엇이며, 지원한 직무를 성공적으로 수행할 수 있다고 생각하는 이유를 본인의 경험에 기반하여 내세울 만한 강점 혹은 개성을 바탕으로 서술해 주십시오.(100자 이상 500자 이내)

제게 있어 아르바이트는 단순히 일을 해서 돈을 버는 의미가 아닌 제 자신이 그 일을 통해 무엇인가 배울 수 있는 훌륭한 교육 방법이었습니다. 과외 경험은 학생을 지도하는 기쁨과 어려움을 깨닫게 해주었고, 사회에서 겪은 크고 작은 아르바이트들은 그 분야에 종사하시는 분들의 생각을 읽을 수 있는 좋은 기회가 되었습니다. 전단지나 화장품 홍보 아르바이트를 통해 다수의 모르는 사람에게 제 자신을 표현하는 것이 얼마나 어려운 일인지 알았으며, 공장 등에서의 경험은 제조업에서 일하시는 분들의 육체적 고통을 느낄 수 있게 해주었습니다.

제가 지원한 곳은 대우건설의 시공분야인데, 아직 제게는 학교에서 배운 기본 지식만 가지고 있을 뿐 현장경험이 부족합니다. 하지만 저는 다양한 경험을 통해 다른 분야에서 일하는 사람들에 대한 이해를 바탕으로 유연한 사고방식을 가지고 있습니다. 제가 가진 열정으로 빠른 시일 내에 부족함을 메우고, 다른 사람들과의 유연한 관계 속에서 성장해 갈 수 있을 것입니다.

4. 예상치 못했던 문제로 인해 계획대로 일이 진행되지 않았을 때, 책임감을 가지고 적극적으로 끝까지 업무를 수행해내어 성공적으로 마무리했던 경험이 있으면 서술해 주십시오.(100자 이상 500자 이내)

메커니즘 설계 시간에 링크 구조를 이용하여 장애인의 편의를 추구하는 기구를 만드는 과제가 있었습니다. 당시 많은 조에서 훌륭한 작품들을 많이 제출하였고 저희 조는 그들과는 다른 독창적인 작품을 만드는 문제로 고민하고 있었습니다. 토론시간이 길어지면서 결국 다른 조와 같은 이론적인 작품을 만들자는 분위기로 가고 있을 때, 저는 간단한 구조를 가지면서도 경제적인 면이 고려되어 실제로 바로 사용할 수 있는 기구를 제안했습니다.

당시 많은 조의 작품은 이론적으로 너무 복잡하여 실생활에 적용할 수 없었던 반면, 저희가 제작한 이 보조기구는 일반 가정집의 문에 간단히 부착하여 사용 가능하였기에 간단한 설치와 제작, 경제적인 측면에서 실생활에 쉽게 적용할 수 있다는 긍정적인 평가를 받았습니다.

어떤 문제 상황 속에서 독창적인 생각으로 함께하는 조원들을 이끌 수 있는 강한 리더십과 책임감을 가진 인물이 저 OOO임을 고려해주십시오.

5. 개인적인 어려움과 희생을 각오하고 윤리적, 도덕적으로 행동했던 경험이 있다면 서술해 주십시오.(100자 이상 500자 이내)

우리들의 일그러진 영웅 속 한병태를 기억하십니까? 중학교에 입학했을 당시 학교에는 씨름부가 있었고 저희 반에는 엄석대와 같은 존재가 있었습니다. 당시 친한 친구가 괴롭힘을 당하는 것을 보고 도와주려다가 폭행을 당했고, 저는 이 사실을 학생부에 신고하여 이로 인해 한병태와 같은 처지가 되었습니다. 방과 후나 등교시간에 씨름부 선배의 감시의 눈이 있었고 반 아이들도 저와 가까이하는 것을 어려워하게 되었습니다.

힘든 시기였지만 씨름부를 무서워하는 반 친구들과 친해지기 시작했고 저를 괴롭힌 엄석대 같은 친구가 아닌 다른 씨름부원들과의 대화를 시도했습니다. 처음엔 어려운 일이었지만 점차 다른 씨름부원들과 친해지고 반 친구들과의 사이도 돈독해지자 저에게 폭행을 가했던 친구와의 사이도 좋아지게 되었습니다.

모두가 두려워하는 존재에 대해 개인적인 어려움이 있었지만 제게는 친구를 더 소중하게 생각하고, 남들이 어려워하는 것을 제 발전의 디딤돌로 변화시킬 수 있는 힘이 있습니다.

시공부문에 지원했던 한 객원저자의 글이다. 2007년 하반기 공채를 노리던 객원저자는 현재 한 그룹사에 입사했다. 필자가 수정한 글로, 각 항목별로 음미할 부분을 짚어보도록 하겠다. 대우건설은 지원동기 등 개별질문과 '상사와 업무 스타일로 마찰이 있다면 어떻게 할 것이냐'와 같은 상황 질문, '회사 일과 자기 역량 개발에 중요한 시험이 겹쳤다면 어떻게 할 것인가' 등의 주제에 대한 20분 토론 등을 실시했다.

● **장점**

스토리와 기술technology이 결합했다 4번 문항은 잘 쓴 사례로 음미해 볼 만하다. 이공계 졸업예정자들이 원용해 볼 만한 자기소개서 스타일이다. 공간이 부족해 장애인 편의 기구의 개념에 대해 상세히 설명하지는 못했지만, 면접을 통해 충분히 어필할 정도의 수준이다.

 2번 문항의 "신입사원 당시부터의 목표인 '좀 더 사용자에게 편리하고, 작업자에게 안전하며, 저비용으로 높은 만족을 줄 수 있는 발전 설비 설계의 꿈'에 근접해 있을 것입니다."라는 서술은 신입 기술직 사원으로서 사용자에게 더 친화적인 제품을 만들겠다는 포부를 보여준다. 신입사원다운 풋풋함이 절로 묻어난다.

● 단점

공대생다운 지원동기를 써보자 지원동기 부분은 조금 아쉬운 점이 많다. 필자가 고치려고 노력했지만, 기계공학을 전공하지 않아 전공지식을 바탕으로 한 자기소개서를 기술describe하는 데에 한계가 있었다. 때문에 플랜트 설계에 대한 뜬구름 잡는 식의 서술을 고치기가 상당히 어려웠다. 이공계 지원자의 경우 지원동기나 포부에 대해 약간은 기술적 측면의 서술에 신경 쓰는 편이 좋다. 기술자 대 기술자, 소위 '선수끼리' 만나는 자리 아닌가. 궁여지책 끝에 나온 것이 1번 문항에 있는 '사용자 지향적user-oriented 발전소 설계'라는 개념이다. 같은 이유로 입사 후 포부에 대한 부분도 약간은 추상적인 아쉬움이 있다.

재미없는 이야기는 쓰지 말자 재미없는 자기소개서는 읽히지 않는다고 생각한다. 때문에 5번 문항을 보면서 너무나도 아쉬웠다. 필자의 마음 같아서는 5번 전체를 삭제하고 새로 자기소개서를 한 편 쓰고 싶었지만, 객원저자의 올곧은 성품상 이는 불가능했다. 읽는 맛도 없고 밋밋한 파트라 아쉽다.

◎ GS 건설

　반갑습니다. GS건설의 비서직으로 지원하는 OOO이라고 합니다. 저
는 OO대학교에서 OO학을 전공하고, OOOO년 O월부터 OO 법률사무
소 OO팀에서 OOO 변호사를 보좌하고 있습니다. 현재는 모 금융회사
의 신상품 개발과 관련한 법률 자문의 프레젠테이션 및 보충 자료를 제
작하고 있습니다.

　저는 멀티플레이어형 비서라고 생각합니다. 문서 작성이나 스케줄
관리, 프레젠테이션 준비 등 평상시의 업무 외에 긴급 상황이나 특별 프
로젝트에서 더 강한 모습을 보이기 때문입니다. 그 중에서 2007년 O월
OO법 시행령, 법령의 개정안이 공포되었을 당시 저는 비서로서 역량을
최대한 발휘했다고 자신합니다.

　당시 저는 OOO 변호사께서 지시한 OO법 및 시행령의 개정안을 정
리한 1천 쪽 분량의 참고자료를 제작하였습니다. 생소한 OO법 용어와
씨름하는 것이 고역이었지만, 완성된 책자가 일종의 핸드북처럼 이용
되는 모습을 보고는 뿌듯했습니다. 그 후 저는 OO에서 전략적으로 신
설한 OO팀에 투입되었고 현재는 OOO 변호사 등을 모시며 일하고 있
습니다.

　제가 GS건설 비서직에 지원하고, 또 일하고 싶은 이유는 최고의 건
설사고, 고객의 행복을 이끌어내는 건설사이기 때문입니다. 인천 LNG
터미널 등 엄청난 규모의 플랜트는 기본이고, 한국인들 사이에서 일종
의 꿈과 같은 목표가 된 자이를 짓는 건설사라는 점이 끌렸습니다. 끊임
없이 도전하는 GS그룹의 주력 계열사인 GS건설의 OOO님을 보좌하는
것은 개인적으로도 역동적인 업무 현황을 차분히 또 치밀하게 보좌하
는 묘미를 느끼는 한편, 국가 경제에 작게나마 이바지할 수 있을 것이라

는 생각이 들었습니다.

또한 저는 GS건설에 적합한 인재라고 생각합니다. 국내 최고의 건설사인 GS건설에는 다양한 비즈니스 상황이 전개돼 비서가 비서에 그치는 것이 아니라, 카드게임의 조커처럼 다양한 용도로 쓰일 수 있는 비서가 필요하다고 생각하며, 저는 이런 점에서 다른 지원자들과는 차별성을 갖고 있다고 감히 말씀드리고 싶습니다.

이를 위해 다양한 경험도 겪어 왔습니다. 비서로 일한 경험 외에 학창 시절에는 OOO 코리아, OO텔레콤, 삼성 OO 등에서 파트 타임으로 일한 경험이 있습니다. 그 중에서도 OO텔레콤의 번호이동성 고객유치팀에서 목표 가입자 수를 20% 초과한 600명의 가입자를 유치해 호평을 받았던 일은 지금도 제게 추억으로 남아 있습니다.

비서를 지망하는 사람은 많고, 또 그런 지원자들이 최고의 비서임을 자부하지만, 역동적인 회사 GS건설에 적합한 비서는 많지 않다고 생각합니다. 차분한 업무 추진 능력과 다양한 분야의 능력, 비서로서 적합한 센스가 저의 강점이라고 생각합니다. 밤을 새서 파워포인트를 제작하는 치열함과 프랑스인을 웃길 줄 아는 위트, 저 OOO을 규정하는 양면성입니다.

그러나 다른 지원자가 아닌 저 OOO이 GS건설에 적합하다고 생각하는 이유는 다름 아닌 항상 어른을 공경하는 마음씨를 견지해 왔기 때문입니다. 지난 2001년 서울특별시장으로부터 효행상을 받은 것은 물론이고, 지금껏 많은 어른들로부터 공손한 젊은이라는 평을 받아왔습니다. 제가 GS건설에 지원하는 마음씨도 마찬가지입니다. 항상 상사를 공경하고, 최고의 가치를 위해 몸을 바치는 자세로 일하고 싶습니다. 감사합니다.

현직 비서로 일하고 있는 한 후배의 글이다. 이 후배는 경력이 얼마 되지 않아 신입 비서로 지원을 했다. 사정이 있어 중간에 전형을 포기했지만, 훌륭한 자기소개서를 썼기에 소개해본다.

● 스타일 분석 : 한 장짜리 자기소개서, 어떻게 구성할까

지금은 거의 사라졌지만, 외국계와 IT업체를 중심으로 아직도 '한 장짜리 자기소개서'를 받는 곳이 많다. 기업 입장에서는 한 장의 자기소개서로 지원자의 특성을 파악해야 하는 문제점이 있지만, 지원자의 실력 편차가 극명히 드러나는 폼이기에 따로 소개한다.

시작 한 장짜리 자기소개서의 구성은 기승전결 방식이다. 첫 부분은 지원 동기에 대해 서술하는 것이 보통이다. 왜 이 회사에 지원하게 됐는지, 어떤 점이 좋았는지에 대해 약간은 풋풋한 느낌으로 서술하면 좋다. 어린 시절을 떠올리며 그 경험과 현재 지원하는 이유를 결부시키는 경우도 종종 있는데 이때는 약간 억지처럼 들리는 경우가 많다. 이 후배의 경우에는 현재 비서로 근무를 하고 있기 때문에 간단한 인사와 함께 현재 하고 있는 일에 대해 서술했다. 추천서 양식을 차용한 것으로, 상당수의 추천서에서는 "나는 누구고 현재 어디서 어떤 일을 하고 있다"는 시작방식을 쓰는 경우가 많다.

2문단 : 자신에 대한 정의 2문단에서는 주로 자신이 어떤 사람인지를 알려준다. 3문단부터는 포부 내지는 자신의 강점을 이야기하기 때문에 주로 자신에 대한 소개를 하는 경우가 보통이다. 이 후배의 경우 자신을 소개하면서 구체적인 사례를 언급해 자신의 강점을 녹여내고 있다.

법령 시행령에 대해 핸드북 형태의 자료를 만들어냈다는 이야기는 참 괜찮게 들린다. 오늘날 상당수의 지원자들이 인턴십을 하는 만큼 이 정도의 서술은 충분히 원용해볼 만하다.

3문단 : 입사 후 포부 3문단에서 글쓴이는 입사 이유와 함께 포부를 전했다. 톱 클래스 건설회사를 이끄는 임원의 비서로서 어떻게 보좌할 것인지, 어떻게 일을 할 것인지에 대해 소박해 보이지만 당찬 서술이 인상적이다. 마케팅이나 해외영업직군의 지원자는 이 부분에서 약간은 강한 포부를 언급하는 것도 좋다. 혹자는 '너무 꿈이 큰 것 아니냐' 는 질문을 할 수도 있겠지만, 한국의 정서상 신입사원의 포부는 큰 것이 옳다.

4문단 : 인재상 글쓴이는 4문단에서 약간 호흡을 가다듬으며 인재상을 언급하고 있다. 1쪽 분량을 통으로 쓰는 자기소개서의 경우 읽는 중간 지루해질 수 있다. 이런 점을 잘 살려 호흡 조절을 해야 한다. 접속사를 적당히 사용한다든가 에피소드를 배치하는 것을 통해 호흡을 조절할 수 있다. 하지만 GS건설의 인재상을 치밀하게 파악하지는 못해 보여 아쉽다.

5문단 : 인재상을 위한 노력 5문단에서는 인재상을 맞추기 위한 본인의 노력을 서술하고 있다. 이때도 실제적인 성과가 들어간다.

6문단 : 강조 대개 끝부분에서는 강조를 한다. 이 후배의 경우 6, 7문단에 걸쳐 강조를 했다. 왜 자신이 필요한지, 자신이 어떤 인재가 될 것인지에 대한 선언적 문단이다.

7문단 : '비서' 에 충실한 마무리 7문단이 특이하다. 대개 자기소개에서 마지막 1문단에서만 강조를 하는데 이 지원자의 경우 두 문단을 사용했다. 7문단의 포인트는 '비서' 라는 직무에 충실한 인재라는 점을 강조했다. 직종의 특성상 비서는 보이지 않는 곳에서 상사를 보좌하는 역할이다. 이에 맞는 자신의 품성과 능력을 다시 한 번 강조해 '기본' 을 갖춘 인재임을 강조했다.

1. OBS에 출사표를 던지다(지원동기, 방송철학)

"세계선世界線 경인TV호號를 위한 침목枕木이 되겠습니다."_안녕하세요, 패기와 자신감으로 OBS 1기 기자에 도전하는 OOO입니다. 새로운 도전에 대한 기대와 남들이 겪어보지 못했던 새로운 곳을 경험해보고 싶어서 이번 공채에 지원하게 되었습니다.

방송 기자에게는 일, 십, 백 ,천, 만의 삶이 필요하다고 봅니다. '일'은 하루에 한 가지의 선행을 베풀어 취재원과 함께 작은 기쁨을 느끼자는 뜻이고, '십'은 하루 동안 열 명의 취재원을 만나며 인맥을 넓히자는 뜻입니다. '백'은 하루에 백 글자를 손으로 쓰면서 아이디어 발견의 기회를 만들자는 뜻이고, '천'은 하루에 천 자의 글을 읽고 사고의 폭을 넓혀 미래를 볼 수 있는 눈과 마음을 가지자는 뜻입니다. 마지막으로 '만'은 하루에 만 보를 걸어서 심신을 단련시키려는 목적에서 포함하게 되었습니다.

경인TV에 입사하게 되면 저는 이 좌우명을 제게 투영시켜서 일하고 싶습니다. 저와 회사의 미래를 향한 비전을 창출하도록 노력하겠습니다. 한국 정치사의 변화와 미래를 꿰뚫어보는 기획 기사, 해외와 국내의 문화를 비교하는 탐사 기사를 취재하고 싶습니다. 세계선世界線 경인TV호號의 새로운 침목枕木이 되겠습니다.

2. 내 인생의 10대 뉴스(성장 과정)

이 아이, 크면 말이 많아지겠네요_어릴 적 부모님이 제 사주를 본 적이 있습니다. 불행인지 다행인지는 잘 모르지만 '말 잘하는 운세'가 강하게 있었다고 합니다. 그래서 행여나 나중에 말 많고 실속 없는 사람이 될까 엄하게 교육하셨고, 어느 자리에서든 '점잖은 아이'라는 말을 자주 들곤 했었습니다.

하지만 천성은 어쩔 수 없었나 봅니다. 제 친구들은 저를 '웃음 제조기'라고 표현합니다. 어떤 친구는 "널 만날 때면 내 아픈 곳을 콕 집어서 웃음 소독약을 발라주는 것 같다"고 합니다. 다른 한 친구는 저를 보고 "기분이 울적해서 술 먹고 싶으면 귀신같이 알고 전화하는 웃긴 녀석"이라고도 말합니다.

한국에서 사귄 친구들을 뒤로하고, 몇 년 전 미국에 3개월 간 연수를 다녀왔던 적이 있습니다. 그곳에서 본 타이완 학생들의 모습은 가히 충격적이었습니다. 한국의 학생들과는 다르게 자생력이 강하고 외국인들과 원만한 관계를 맺으며 생활하는 그들의 모습을 한동안 기억에서 지울 수 없었습니다. 그 친구들을 다시 만나기 위해 홀로 한 달 동안 대만의 타이베이와 가오슝을 여행했던 적이 있습니다. 단순한 휴양 여행과 확연히 달랐고, 대만 사람치고는 드물게 이슬람교를 믿던 친구에 대한 느낌도 생생히 기억납니다.

대학 시절에는 학과 내 소모임에서 영자신문 제작을 했었습니다. 신문 만드는 과정에서 팀원 간 불화도 겪었고, 편집오류 때문에 신문 발행 자체가 취소되는 경험도 했었습니다. 비록 과에서 지원하는 소정의 지원금으로 마련한 컴퓨터에 'MS Publisher'를 설치해서 만든 작은 결과물이었지만, 학기마다 선후배들과 함께 신문을 발행하면서 조직 생활을 함에 있어서 '성장과 통합'이 얼마나 중요한가에 대해 깨달았습니다. 신문을 만들다보니 언론에도 관심을 가지게 되었습니다. 졸업 후 진로도 신문, 방송사로 결정하게 되어서 이번 여름에 OOO사 인턴으로도 선발되었고, 그곳에서 새로운 친구들을 많이 사귀는 기쁨도 얻었습니다.

3. 나만의 킬러 콘텐츠(경쟁력)

어딜 가도 밥 굶지 않을 자신 있습니다_기자의 자질을 갖추려면 목적 없는 해외 연수나 높은 학점, 암기로 얻은 어학 점수보다는 여행 경험과 문화 체험이 중요하다고 봅니다. 전자는 누구나 할 수 있지만, 후자는 단시간에 쉽게 이루지 못하기 때문입니다. 논리성과 암기력은 기사의 최종적인 수정을 위해서는 어느 정도 필요합니다. 하지만 누군가와 부대끼면서 느낀 경험은 기사에 참고할 수 있는 중요한 거름이 됩니다. 어쩌면 제가 진심을 통하면서 만난 사람들이 귀중한 취재원이 될지도 모릅니다. 자신의 경험과 감정을 기사에 녹여낼 수 있는 사람이 진정 '기자상'을 갖춘 인물이라고 생각합니다. 그런 점에서 국내와 해외의 많은 곳을 돌아다녀 본 경험은 제 최고의 강점이라고 생각합니다. 전 세계 어느 곳에서도 밥 굶지 않을 자신 있습니다!

저는 성실하지 않습니다. 학교에서 아르바이트를 했을 때도 매번 10분씩 지각해서 직원들이 '10분'이라는 별명을 지어주기도 했었습니다. 하지만 제겐 '근성'이 있습니다. 아무리 매일 10분씩 늦어도 월말에 일이 끝없이 몰려들 때면 동료들과 함께 밤을 새가며 마감시간 전까지 어떻게든 일을 마무리했습니다. 그래서 처음에 붙은 '10분'이라는 별명이 나중에는 '(마감)10분 전'으로 변했습니다.

누군가에게 칭찬들을 때 '저 친구 참 성실해'라는 말을 듣는 사람이 있습니다. 그런데 저는 '저 녀석, 근성 하나는 알아준다'는 말을 듣는 게 좋습니다. 단순한 성실함과 천천히 달아오르는 뚝심. 세상 사람들은 성실함을 선호하지만 저는 그게 싫습니다. 기다림 끝에 푸근한 온기를 내뿜는 온돌방처럼 경인TV에서 불굴의 뚝심을 발휘하는 기자가 되겠습니다.

객원저자 김주민 씨의 글이다. 방송기자용 자기소개서지만 대기업 지원에 적합한 글쓰기 양식이라 소개한다. OBS의 공채 자기소개서 문항은 충분히 대기업에서 원용할 법한 스타일이다. 문항별로 살펴보자.

● **스타일 분석 : 약간은 문학적인, 그러나 경영철학을 담은 자기소개서 문항 어떻게 쓰나**

출사표 '침묵' 이라는 키워드로 제시한 지원동기의 경우 대기업에 쓰기에는 부적절하다. 너무 문학적이다. 그러나 침묵이라는 키워드를 어떻게 운용하는지는 살펴볼 필요가 있다. 김 씨가 약간은 문학적으로 쓴 이유는 지원동기와 함께 '방송철학' 을 함께 논하라고 했기 때문이다.

독자들도 경영 철학 내지는 회사의 비전에 대해 이야기하라고 하면 약간은 고답적인 느낌으로 다가갈 필요가 있다. 원래 경영 철학이라는 것은 약간은 고답적이고, 때로는 '뜬구름 잡는 것' 같은 느낌도 있다. 그러나 읽고 난 뒤 무릎을 탁 칠 만한 결론으로 마무리하는 것은 물론이다.

내 인생의 10대 뉴스 2번 문항은 당장 2008년 하반기에라도 출제될 수 있는 문제다. 내 인생의 10대 뉴스라, 멋지지 않은가? 내 인생의 10대 혁신, 나의 6가지 가치 정도로 출제가 가능하다. 인생을 되돌아보라. 10가지 이야기를 꼽을 수 있는가.

당연한 이야기지만, 10대 뉴스에서는 '중요한 것부터' 써야 한다. 그러나 그 중요성은 자신에게 있어 중요한 것이 아니라 면접관이 볼 때 중요하게 보이는 것부터 써야 한다. 소위 기자들이 말하는 '얘기되는 것' 부터 쓰는 것이다. 무엇이 재미있는지, 무엇이 어필할 수 있는지를 생각하고 중요성을 판단하라.

그러나 10대 뉴스라고 해서 꼭 10개를 채워 쓸 필요는 없다. 정말 10개를 쓰라고 하면 3~4개는 그냥 제목만 나열하고 정말 중요한 것들 위주로 서술한다.

'기자로서의 상像' 언론사 자기소개서에는 '기자 상'을 쓰라는 이야기가 유독 많이 나온다. 직업관 역시 많이 나온다. 기업의 자기소개서에서도 직업관이나 기업 인상을 쓰라는 자기소개서가 나올 것으로 생각된다.

오늘날 많은 기업들은 입사 후 자신들의 인재상과 발전 방향에 대한 소위 '정신교육'을 한 달 이상 실시한다. 기업 경영 방침을 체득하고 로열티를 길러 롱런하는 사원으로 육성하기 위함이다. 최근 이직 '러시'라 할 만큼 재직연수가 짧아지는 상황에서 사원 상像을 정립하는 것은 더욱 중요해졌다.

따라서 'OO인으로 산다는 것은 자신에게 어떤 의미인가'와 같은 조직 내에서 자신의 의미에 대한 물음을 묻는 자기소개서 문항이 출제될 것으로 예상된다.

지원동기

1. 질문 : 넥슨 글로벌 인턴십에 참여함으로써 본인에게 어떤 점이 도움 될 것으로 생각하시는지 적어 주세요.(영문 1000자, 한글 500자 제한)

게임 마케터를 꿈꾸는 저에게 넥슨 글로벌 인턴십은 인생의 전환점이 될 것이라고 생각합니다. 우선 넥슨 글로벌 인턴십은 단순한 해외 시장 탐방이 아닌, 최고의 게임 전문가들로부터 지도를 받을 수 있는 자리입니다. 게임 마케팅은 다른 어떤 것보다 현장감과 실현 가능성이 중요하고, 학생으로서 이러한 요건을 충족시킬 기회는 전무합니다. 학교에서는 다양한 프로그램으로 현장 체험을 해준다지만, 게임 마케팅이라는 분야에서 현장감 넘치는 경험을 얻을 길은 없습니다.

넥슨 글로벌 인턴십은 이러한 저에게 한줄기 빛과 같은 기회입니다. 넥슨의 현직 선배님들을 비롯한 국내 게임 전문가와 게임 시장에 대해 심도 있는 대화를 나누고, 저희의 기획안을 직접 강평받을 수 있다는 것만으로도 넥슨 글로벌 인턴십은 가치를 환산할 수 없는 기회가 될 것입니다. 게다가 이에 덧붙이는 해외시장 탐방까지 함께라면, 미래의 게임 마케터로서 제게는 놓칠 수 없는 기회가 될 것입니다.

2. 질문 : 넥슨 글로벌 인턴십을 통해 무슨 주제를 어떻게 연구해보고 싶은지, 왜 그런지 적어 주세요.(영문 1000자, 한글 500자 제한)

저는 이번 넥슨 글로벌 인턴십을 통해 온라인 게임의 법적, 제도적 보완이라는 주제로 연구해보고 싶습니다. 중국 게임 시장의 화두는 '불법성' 입니다. 한국에서는 저작권 문제로 서비스가 중단된 테트리스를 비롯해 불법적으로 유통되는 온오프라인 게임이 수백가지가 넘습니다. 넥슨의 중국 진출이 본격화되는 시점에서 온라인 게임의 법적, 제도적 인프라 보완은 절실한 연구 주제이며, 게임 마케팅 분야에 진출하고자 하는 제 자신에게도 꼭 필요한 주제입니다.

또 다른 관심사는 일본시장에서의 온라인 게임 활성화 전략입니다. 일본에서 1년 간 교환학생으로 유학하면서, 많은 일본인들은 '닌텐도 DS나 PSP는 해도 온라인은 안 한다'는 반응을 보였습니다. 기껏해야 한국 친구들과 신오오쿠보에서 PC방을 찾는 정도였습니다. 일본에서의 탐방을 통해 저는 넥슨 게임의 일본화, 활성화 전략을 구상해보고 싶습니다.

자기소개

1. 질문 : 지금까지 자신이 경험했던 일들 중에서 가장 자랑스럽게 생각하는 일은 무엇인가요? 그리고 그 일을 어떤 점에서 자랑스럽게 생각하나요?(영문 1000자, 한글 500자 제한)

일본인에게 고백받아 보셨나요? 만화 속 이야기같이 들리지만 저는 10명의 일본인 남성으로부터 고백을 받았답니다. 오부 토시야, 안도 다이스케, 타카하시 와츠… 자랑같이 들리지만, 그들에게 받은 과도한 사랑은 제가 한국 내 일본인 유학생 커뮤니티를 일구어낸 도중에 얻은 부산물(?)입니다.

여고를 졸업하고 또 여대에 진학하게 되자 아버지께서 조용히 부르셨습니다. 소위 '여중, 여고, 여대 신드롬'이란 것에 대한 말씀이었는데, 소극적인 여성상에 갇혀 자칫 사회에서 수동적인 자아로 성장할 수 있다는 경고였습니다.

이를 타파하기 위해 많은 친구들을 사귀려 했고, 그 과정에서 제가 만든 것이 한일 교류 커뮤니티 'ㅇㅇㅇㅇ'입니다. ㅇㅇㅇ대 교환학생이던 저는 한국인 유학생들이 자기들만의 이너서클을 만들고 폐쇄적인 분위기를 유지한다는 점을 바꾸어 보고자 많은 파티를 열고 양국 학생간 교류의 장을 열었습니다. 귀국 후 감각 유지 차 응시한 JPT에서는 905점을 취득했습니다.

2. 질문 : 본인이 생각하는 가장 이상적인 자아상은 어떤 모습인가요? 그리고 현재 자신의 모습은 그 기준으로 봤을 때 100점 만점에 몇 점이라고 생각하고, 그 이유는 무엇인가요?(영문 1000자, 한글 500자 제한)

저는 지금까지 남들의 시선만 생각해 왔습니다. 소위 '틀'에서 조금만 벗어난다 싶으면 강박관념이 생기기 일쑤였고, 저 자신도 다른 친구들의 일탈을 비난하는 데 앞장서기까지 했습니다. 그러나 어느 순간 저는 군중 속 '키보드 워리어'에 불과하다는 생각에 한없이 울었습니다.

일본으로 떠나면서 저는 일탈을 꿈꿨습니다. '어차피 1년 있으면 한국으로 돌아갈 건데 신경 쓸게 뭐 있어!'라는 생각으로 시작했지만, 이는 제 삶의 태도를 바꾸어 주었습니다.

1년 동안 물론 마약이나 범죄 등에는 손대지 않았지만, '놀 줄 안다'는 이야기는 수도 없이 들었습니다. 메이드 카페에서 하녀 복장으로 서빙하면서 저는 자신을 낮추고 편견을 없애려 했습니다. 물론 괴짜가 되었습니다.

저는 남들이 상상만 하는 일들을 당당히 해낼 수 있는 괴짜가 되고 싶습니다. 예전에는 남을 의식하는 50점짜리 범재였다면, 지금은 당당한 90점짜리 괴짜입니다. 좀 더 노력해 100점짜리 전문가로 거듭나고 싶습니다.

생활이 어렵던 대학교 2학년 때 때 결혼 제의가 들어왔습니다. 번듯한 직장에, 수려한 외모, 괜찮은 집안까지. 그는 제게 '괜찮은 선택'이었습니다. 부족할 것 하나 없어 보이는 그가 왜 제게 고백했는지 어리둥절하기까지 했습니다.

사실 제게는 최상의 선택이었습니다. 이듬 해 떠날 일본 교환학생은 물론이고, 졸업 후에도 시댁(?)의 회사에서 경력은 물론 MBA 같은 것도 문제없이 다녀올 수 있었습니다. 특별히 일을 하지 않아도 되고, 여행을 다니는 데도 지장이 없었습니다. 그 남자 자신도 저를 너무나 위해주는 사람이었습니다.

하지만 저는 그의 제의를 거절했습니다. 불행한 '인형의 집'에서 사느니, 행복한 길바닥에서 살고 싶었기 때문입니다. 그의 제안을 거절하고, 저는 한층 더 자유로워졌습니다. 그러고는 일본정부 장학금을 받아 유학을 떠났습니다. 자유를 향한 도피라고나 할까요.

4. 질문 : 본인에게 있어서 넥슨은 어떤 회사라고 생각되는지, 자신만의 생각으로 표현해주세요.(언론 보도자료, 회사 홈페이지 내용 등은 최소한의 사실자료로만 활용)(영문 1000자, 한글 500자 제한)

크레이지아케이드의 즐거움을 기억합니다. 고교 3학년 때 처음으로 접한 크레이지아케이드는 수능 점수 하락이라는 크나큰 타격을 주었습니다. 사실 수능이 끝나고 넥슨을 원망하기도 했습니다.

그러나 넥슨은 다른 한편으로 제게 게임의 즐거움이라는 당연한 가치를 일깨워 준 '가치 기업'입니다. 개인 게이머인 저뿐만 아니라, 게이

머 집단 전체에 있어서도 넥슨은 게임을 '혼자 즐거운 것'에서 '함께 공유하는 기쁨'으로 전환해주고, 더 나아가 '아시아가 함께 호흡하는 공간'으로 발전시켰다고 생각합니다.

세계 최초로 상용화된 온라인 게임 '바람의 나라'와 '카트라이더' 등의 성공신화에 집착한 분석은 넥슨의 가치를 여실히 평가하는 데 부족합니다. 넥슨은 게임을 통해 고객에게 '즐겁게 살아 있다'는 것을 절감하게 해주는 '게임실존주의'의 선두주자입니다.

5. 질문: 최근 1년 사이에 자신이 생각하기에 가장 기발하게 행동했던 것은 무엇이었나요?(영문 1000자, 한글 500자 제한)

저는 특별히 기발하게 행동한 적이 없습니다. 외모 자체도 이국적인 데다 일본인들과의 교류가 많아 톡톡 튄다는 이야기를 많이 들어왔습니다. 굳이 기발하다는 평을 들어왔던 행실을 든다면, 일본 교환학생 중 고베 등 지방에 사는 일본인들에게 동경 가이드 투어를 해주었던 일이나, 박물관에서 일본의 역사를 곁들인 투어를 해주었던 기억이 있습니다. 친구들은 말도 안 된다고 했지만, 저는 일본인 같다는 제 나름대로의 특성을 살렸고, 이를 통해 아르바이트비로 유학 비용을 충당할 수도 있었습니다.

물론 너무 이국적이다 보니(저는 그렇게 생각하지 않지만) 의외의 제안을 받기도 합니다. 대표적인 것이 일본 동경에서 성인 영화 캐스팅 제의를 받았던 것입니다. 일본 애니메이션에서 원하는 소녀 스타일이라는 이유였는데, 당시 몇몇 감독들이 저희 집 앞에까지 며칠 동안 찾아오는 바람에 원치 않게 이사를 가야 한 경우도 있었습니다.

6. 질문 : 여럿이 함께 팀 단위 과제를 진행하면서, 다른 사람으로부

2006년 9월, 일일호프를 했습니다. 단순히 술을 마시고 노는 모임이 아니라, 학교에서 공부한 마케팅 기법을 사용해 볼 기회로서 일일호프를 기획했습니다. 집이 어려운 후배들의 장학금 마련을 위한 일일호프에서 저는 당시 스폰서 타깃으로 정한 OOO사의 OOO 사업부에 OOO 샘플 200개를 협찬받기 위한 RFP를 제작했습니다.

의욕만 넘친 저는 한 가지 큰 실수를 범했습니다. 좋은 의도, 열정 있는 운영진에 대한 소개만 거창하게 했을 뿐, 고객사격인 OOO 사업부에 줄 수 있는 효용은 정작 한 가지도 제시하지 못한 것입니다. 당시 OO 담당자인 OOO씨는 저에게 '준비 이렇게 했냐' 며 실망한 기색까지 보였습니다.

이에 마케팅 공모전에서 입상했다는 OOO 선배는 어떻게 OO의 가치를 일일호프의 의도와 연결지어 전파할지를 고민해 보라고 충고해 주었고, 저는 서빙을 받기 전에 '천연 성분 OO이 전하는 따스한 마음' 이라는 주제로 RFP를 다시 작성해 협찬을 받을 수 있었습니다.

7. 질문 : 넥슨 글로벌 인턴십에 본인이 반드시 선발되어야 하는 이유는 무엇인가요? 타당한 근거를 들어 설명해주세요.(영문 1000자, 한글 500자 제한)

중앙일보에 아랍의 IT 알파걸로 소개된 UAE대의 하이파 자라는 한국 하면 '메이플스토리' 를 떠올린다고 합니다. 말이 통하지 않아 싱가포르 서버를 통해 게임을 즐기고 있지만, 한국의 게임을 즐기는 즐거움은 그에게 일종의 특권이라고 합니다.

제 일본인 친구 OOO는 한국어에 능숙함에도 불구하고 한국 게임을 그리 즐기지 않습니다. 정서가 맞지 않는다는 이유입니다. 일본의 아기자기한 그래픽과 세밀한 구성에 길들여진 탓인지, 한국의 게임은 자신에게 어색하답니다.

한중일 게임 시장을 통합, 더 나아가 '통일' 하려는 넥슨에게 주는 시사점도 마찬가지입니다. 한국의 게임을 즐기지 못하는 아시아인에게 좀 더 넓은 커버리지를 제공하고, 문화적 차이를 해소하는 적극적인 현지화 전략이 필요합니다.

바로 이 점에 저 OOO가 필요하다고 생각합니다. 귀화 권유를 받을 정도의 일본어 구사력, 유학 경험, 리더십 등은 넥슨이 저를 통해 얻을 수 있는 부가적 효용에 불과합니다.

필자가 수정을 했던 한 후배의 자기소개서다. 게임을 너무나도 좋아했던 이 후배는 1차 서류 전형을 뚫고 면접 전형에 진출했지만 안타깝게 떨어졌다. 기존의 자기소개서 틀과는 약간 차이가 있지만, 재미있고 특이하게 썼다는 점에서 음미해볼 필요가 있다.

● 장점

스토리로 풀어 본 열정 이 후배는 게임에 대한 열정을 스토리로 풀어 갔다. 메이플스토리 이야기는 물론, 크레이지아케이드, 중국 게임 시장 등의 이슈를 재미있게 엮었다. 각각의 질문에 대한 대답도 응집성 있게 서술했다. 일일호프 RFP 이야기도 자신이 구체적으로 어떻게 노력했는지를 눈에 보이듯 보여주고 있다.

자신만의 게임 철학 '게임 실존주의' 와 같이 지원회사의 이미지에 대해 자신만의 철학을 전하려는 노력도 돋보인다. 지원하는 회사를 단지 언론에서 보는 이미지로 접근하고, '찬양 일색'인 이야기를 쓰는 것보다 회사에 대해 면밀히 분석해 '나만의 정의'를 내리는 것이 더 좋다.

● 단점

너무 파격적이다 이 후배는 면접 전형에서 떨어졌다. 필자의 생각으로는 너무 자유분방한 컨셉트로 나갔던 점이 패인이라 생각된다. 당시 원서 접수를 앞두고 후배가 준비해 온 자기소개서를 보면서, 필자와 후배는 컨셉트를 먼저 상정했다. 단정하면서 패기 있는 학생으로 갈 것인지, 아니면 아예 특이한 아이디어 뱅크로 갈 것인지에 대한 선택이 필요했다.

이 후배는 아주 파격적인 방식으로 가겠다고 했고, 이에 자기소개도 약간의 충격을 주는 방식으로 갔다. 자기소개서 중 '일본 애니메이션에서 원하는 소녀 스타일이라는 이유로 성인 영화 출연 제의를 받은 것'과 같은 특이한 내용 위주로 어필했다.

결국 면접에서는 성공하지 못했다. '면접관들의 반응이 기대한 것과 달랐다'는 후배의 말에 가슴이 아팠다. 자유로운 회사라 하더라도 지나친 파격은 쉽지 않다는 교훈을 얻었다. 사실 낙방의 정확한 이유는 지원자의 입장에서 알 수 없다. 그러나 면접관의 반응이나 질문을 통해 자신의 이미지 포지셔닝을 재구성할 수는 있겠다.

여중, 여고, 여대 처음에 후배의 글을 보고 "여고를 졸업하고 또 여대에 진학하게 되자 아버지께서 조용히 부르셨습니다. 소위 '여중, 여고, 여대 신드롬'이란 것에 대한 말씀이었는데, '소극적인 여성상에 갇혀 자칫 사회에서 수동적인 자아로 성장할 수 있다는 경고였습니다"라는 내용을 아예 지워버리려고 했다.

보자마자 짜증이 밀려오는 서술이다. 아니 여자 학교를 나와서 소극적이니 적극적으로 지내라…는 내용이 도대체 21세기에 합당한 내용인가! 당시 시간이 모자라 어쩔 수 없이 조금 완곡히 바꿨지만 두고두고 후회가 된다.

1. 지원하신 직무를 본인이 잘 수행할 수 있다고 생각하는 이유를 구체적으로 기술해 주세요.

식품에 대한 전문성_저는 축산식품물공학을 전공하며 농산물가공학, 육학, 유학, 축산가공학 등의 전공 수업을 통해 식품에 대한 전문 지식을 익혔으며 E-Mart에서 식육을 담당하며 익힌 축산물에 대한 실무 경험은 지행업무를 수행하는 데 도움이 될 것이라 생각합니다. 또한 전공 학생회장을 역임하며 축산식품전시회를 비롯하여 다양한 전공 행사를 성공적으로 이끌며 리더십과 CJ에서 추구하는 인재상인 책임감, 오픈마인드, 유연함을 익힐 수 있었습니다.

다양한 실무 경험_저는 Hite에서 실시하는 객원 마케터 9기에 참여하여 CJ에서 추구하는 최고의, 최초의, 그리고 차별된 제품을 시장에서 소비자에게 팔기 위한 방법으로 다양한 마케팅 방법, 프로모션 방법 등과 학문이 아닌 실전 마케팅을 익혔습니다. 또한 군대에서 식품을 담당하는 1종 계원으로 강원도 원주지역 1,900여 명 국군장병의 급식을 담당하여 가공식품과 신선식품의 유통 및 물류, 그리고 결산을 통해 실질적인 현장을 경험하며 관리능력을 익혔고 군대 급식에서의 메뉴개발, 위생문제와 같은 실무 경험은 직무 수행에 있어 큰 도움을 줄 것입니다.

2. 학교생활에서 일반적으로 경험하기 어려운 특별한 체험이나 남다른 성취가 있다면 기재하여 주시기 바랍니다.

축산식품전시회의 대성공_전공 학생회장을 역임하며 전공의 가장 큰 행사인 축산식품전시회를 역대 최고의 전시회로 이끌었습니다. 제가 축산식품전시회를 준비하던 상황에는 지육가격의 상승으로 인하여 업계의 수익구조가 악화되었고, 그로 인해 대부분의 육가공회사들이 어려움을 겪고 있었으며, 저희도 전시회를 준비함에 있어 스폰서를 얻지 못하는 어려움이 있었습니다. 저는 이에 기존의 다양한 제품 중심의 전시회 방식을 바꿔 기업체 중심의 전시회를 기획, 각 업체별 부스를 설치하고 업체 중심의 제품 프로모션 및 시식회 기획서를 작성하였고, 각 업체에 기획서를 첨부하여 축산식품전시회 스폰서를 요청하였습니다. 이를 계기로 기업체에서도 축산식품전시회를 통한 홍보 효과의 가능성을 인정하여 CJ를 비롯해 많은 기업체에서 스폰서로 참여했습니다. 이렇게 변화된 축산식품전시회는 역대 최다 기업의 스폰서 참여로 큰 성공을 거뒀습니다.

저는 이런 경험을 통해 과거의 안정과 매너리즘에 빠져 있으면 더 이상의 발전은 없다는 걸 알게 되었습니다. 위기는 저에게 극복의 대상이 되었고 그 변화에 대응하고 극복하면 더욱 크게 발전할 수 있는 큰 깨달음을 얻었습니다.

3. 지원하신 회사, 직무, 근무지와 관련하여 특별히 희망하는 점이나 면접자에게 꼭 알리고 싶은 사항을 기재하여 주시기 바랍니다.

"후회 없는 삶을 살자"＿누구나 원하는 그런 삶의 자세가 바로 제 신조입니다. 한 남자로 태어나서 일이면 일, 사랑이면 사랑, 제 자신의 길을 걸어감에 있어서 어떤 어려움이 있더라도 견뎌내며 후회 없이 살기 위해 최선을 다하는 모습. 그런 삶을 살기 위해 전 지금도 최선을 다하고 있습니다.

업무수행 능력은 외적 기준인 학점과 어학에 의해 좌우되는 것이 아니라, 개인의 일에 대한 자신감과 의지, 책임감 등에 의해 복합적으로 작용한다고 생각합니다. 그러므로 서류 심사에 부족한 부분이 있더라고 면접을 통한 검증과정을 꼭 거쳐서 인재를 뽑아야 한다고 생각합니다. 어학점수, 학점은 타 지원자에 비해 부족할 수 있지만 일에 대한 열정과 의지, 그에 대한 자신감은 여타 지원자에 뒤지지 않는다고 생각하며, 이를 꼭 고려해 주셨으면 좋겠습니다.

4. 위에 기술한 내용 외에 첨부하고자 하는 내용이 있으시면 아래에 이력서를 첨부하거나 추가하실 내용을 기술하여 주세요.

식자재유통, 급식시장에서의 CJ 푸드시스템_식자재유통 시장은 미성숙 시장으로 CJ FS의 주도적 역할을 기대할 수 있습니다. 국내 식자재유통 시장은 2005년에는 약 13.5조 원 규모로 향후 지속적인 성장이 기대되고 있는 가운데 기업형 외식이 전체 성장을 견인하고 있고, 중소 영세업자들이 난립해 있던 국내 식자재 유통시장이 체계적 식자재유통의 수요증가로 대기업 위주로 재편되고 있습니다.

CJ FS는
❶ 기존의 대리점 위주 영업에서 직판 중심으로 판매 경로의 확대
❷ 1차 상품 표준화 및 브랜드화 등을 비롯한 제품 라인업 증대
❸ 구매 경쟁력 및 규모의 경제 실현을 위한 MD 역량 강화

이를 지속적으로 추진하여 식자재유통 시장의 점유율 향상에 최선을 다하며 현재 식자재유통 시장에서 점유율 1위를 기록하고 있습니다.

단체 급식업은 시장 성숙기 진입으로 성장세가 둔화되고 있으며 그간 단체급식 시장은 소득수준 및 복지향상 요구의 증대에 따른 전문 업체 위탁 추세 증가로 시장 규모가 급속 확대되었습니다. 향후 단체급식

시장은 2011년까지 연평균 5.4%로 꾸준한 성장이 예상되며 위탁률도 점증적인 증가를 보이고 있습니다. 다만 시장비중이 큰 산업체와 대학 등의 위탁률이 50%를 넘었기에 전체 시장은 성숙기에 접어들었다고 볼 수 있습니다. 이로 인해 앞으로의 경쟁에서는 브랜드가 차지하는 비중이 점점 더 커질 것이라고 생각합니다.

CJ FS는 상대적으로 위탁률이 낮은 병원, 초중고 등에서 높은 시장점유율을 기록하고 있고 현재 단체급식시장에서는 점유율 3위입니다. 단체급식시장이 성숙단계로 인해 새로운 성장 원동력으로 외국 공항과 골프장, 고속도로 휴게소 등의 시설업 급식으로 사업영역을 확대하고 있습니다. 미국에는 공항이나 휴게소는 콤파스, 오토그릴이라는 브랜드가 대부분 차지하고 있는데 CJ FS도 지속적 성장 원동력으로 외식부문 사업에서 공항이나 KTX 등 푸드코트 분야에 적극적으로 진출을 해야 한다고 생각합니다.

CJ 푸드시스템의 경쟁력

❶ 수직 · 수평 계열화 통한 시너지 향유

CJ FS의 최대 경쟁력은 사업영역 및 관계사 간의 수직/수평 시너지입니다. 1차식품 구매, 가공, 유통, 급식까지 수직계열화가 이루어져 있기 때문에 계별 원가경쟁력 향유가 가능합니다. 이를 통해 매출 구성 다변화 및 환경변화에 대한 유연한 대처도 가능할 것입니다.

식자재유통, 단체급식, 원료가공에 이르기까지 수평 계열화가 이루어져 안정적인 사업 포트폴리오를 보유하였으며 국내 타경쟁사들이 그룹사 등 급식자재에 대한 매출의존도가 높지만 CJ FS의 경우 순수 식자재유통이 매출의 절반 이상을 차지하고 있습니다. 또한 식자재유통 사업은 단순 자본력만으로는 진입의 한계가 있는 사업으로 영업망, 물류 등 초기 인프라가 갖춰진 CJ FS는 식자재유통 시장서 타사에 비해 강한 경쟁력을 지니고 있습니다.

❷ 전국적인 영업망 및 구조조정 효과

전국적인 영업망은 CJ FS의 주요 경쟁력입니다. 그간 대리점 영업을 통한 외형확대 정책에 따라 수익성 악화를 초래했고 2003년부터 이를 개선하기 위해 매출이익률 5% 미만의 저수익 식자재 유통 대리점 정리 및 수익부진 단체급식업장 정리에 매진했습니다. 그 결과 2003년 126개점, 2004년 131개점, 2005년 역시 26개점을 폐점하는 등 대대적인 구조조정을 진행하여 작년 한 해 높은 순수익을 창출할 수 있었으며 지속적으로 순수익이 증가할 것입니다.

❸ 가격경쟁력과 CJ FS의 PB 브랜드

식자재유통 시장은 아직 성장 초입단계에 있어 시장 선점을 위해서는 가격경쟁력이 가장 중요합니다. 다만 가격경쟁력 확보와 수익성 개선 간의 균형을 이루기 위해서는 외형확대에 따른 규모의 경제 실현과 함께 이츠웰, 정품진 등 PB 상품 육성이 필요합니다. 미국 SYSCO사의 경우 PB브랜드가 50% 이상의 비중을 차지하고 있습니다.

❹ CJ 브랜드

CJ는 높은 브랜드 인지도와 구매력 증대 효과를 가지고 있습니다. CJ FS는 음식료업계 선두기업인 CJ 브랜드에 대한 수혜를 보고 있있으며 CJ 의 경우 육가공에 쓰이는 축육 구매 등을 CJ FS를 통하고 있어 일정부분 CJ FS의 구매력 증대에 보탬이 되고 있습니다.

이것은 CJ 관계자가 쓴 것이 아니다. 당시 대학 4학년이던 객원저자 오광민 씨가 쓴 인턴십 자기소개서다. 이 책 전체에서 가장 잘 쓴 자기소개서라 사료된다. 자기소개서만 읽어봐도 이 지원자는 합격할 수밖에 없다는 점을 단번에 알 수 있다. 당장 자기소개서를 써야 하는 독자들은 오 씨의 자기소개서를 한 번 필사해 보기를 권한다.

● 장점

회사에 대한 탁월한 분석 오광민 씨의 자기소개서에는 지원 회사에 대한 탁월한 분석이 돋보인다. 이력서를 붙여넣기 할 정도로 버려진 공간인 4번 문항에서 자신의 강점을 완벽하게 표현했다.

우선 회사의 강점에 대해 오 씨는 정확한 분석을 하고 있다. 판매 경로, 제품 라인업, MD 역량 등의 분석은 물론이고 병원, 초·중·고 등 고객군을 정확히 분석하는 것은 물론 향후 진출 과제에 대해서도 오 씨는 탁월한 식견을 보여주고 있다. 공항, KTX 등의 푸드코트에 적극적으로 진출해야 한다는 이야기를 미국의 사례와 엮어서 이야기한 점도 좋다.

또한 오 씨는 회사의 인재상에 대한 분석을 자기소개서 곳곳에 배치하고 있다. 사실 홈페이지만 살펴봐도 알 수 있는 것이 인재상이지만 지원자들은 그 인재상을 간과하고 있다. 인사담당자들이 심혈을 기울이고, 심지어 외부 컨설팅까지 받아가면서 만든 것이 인재상과 비전임을 잊지 말자. 지금은 경영철학을 이해해야 합격할 수 있는 시대다.

성과로 승부하는 지원자 오 씨의 자기소개서에는 성과가 많이 나온다. 어떤 분야를 공부했고, 어떤 곳에서 어떤 일을 했는지가 구체적으로 적시돼 있다. 이는 인사담당자에게 신뢰를 준다. 자칫 학내 행사로만 비춰질 수 있는 부분도 충분히 잘 살렸다. 마지막 두 문장이 약간 사족같지만, 축산 전공자로서 완벽한 사례다.

학생다운 패기를 놓치지 않았다 전문적인 용어와 분석으로 무장된 자기소개서지만 하이트 객원마케터나 학생회 활동 등의 서술을 통해 오 씨는 신입사원으로서 패기가 있다는 점을 은근히 표현했다.

경영학 용어가 실제적으로 다가온다 수직, 수평 계열화는 사실 식상한 경영학 이론이다. 회사를 다닌다면 누구나 들어본 듯한 이야기로, 많은 지원자들은 오늘 이 시간에도 어필 좀 해보겠다며 수직 계열화 이야기를 하곤 한다. 그러나 이는 대부분 묻힌다. 지원자들이 경영학을 공부해봤자 그 깊이가 뻔하다. 이를 자기소개서에 녹여낸다고 해도 그것이 효과적일 수가 없다.

오 씨는 그러나 경영학 용어와 이론을 실제에 절묘하게 접목해낸 자기소개서를 썼다. 1차식품 시장에서의 수직 계열화를 통한 시너지 효과는 물론 포트폴리오 분석을 통한 수평 계열화, 전국적 영업망 분석을 보면 오 씨가 식자재 유통 사업에 대해 얼마나 준비를 하고 공부를 했는지를 한눈에 알 수 있다.

특히 당시 업계의 이슈였던 Private Brand(PB) 문제에 대해서도 짧은 지면에 효과적인 서술을 했다는 점이 돋보인다.

군대 경험마저도 재미있게 엮어내는 능력 오 씨의 군대 이야기를 읽어보자. 어찌 보면 단순히 군대에서 급식 담당을 했다는 이야기지만, 이를 통해 어떻게 전공을 살렸고 자신이 지원할 식자재 영업 분야에서 어떻게 활용할 수 있을지에 대한 이야기가 있다. 수많은 남성 지원자들이 군대 경험을 통해 담력, 리더십, 단체 생활 등을 배웠다고 서술하는 것과는 천양지차다.

● 단점

"후회 없는 삶을 살자" 사실 100점에 가까운 자기소개서지만 아쉬운 점은 3번 항목이다. 사실 3번 문항은 오히려 다른 부분의 자기소개서를 깎아내리는 역할을 했다. 후회 없는 삶이 도대체 왜 꼭 알리고 싶은 사항이란 말인가? 오히려 자신이 생각하는 사업 기획안을 말하는 것이 효과적일 뻔했다.

구조조정 이야기 구조조정 이야기를 서술한 부분도 아쉬움이 있다. 단지 구조조정을 통해 이익률을 높였다는 것이 찬양할 만할 이야기인가? 구조조정은 근본적으로 힘든 작업이다. 직원을 잘라야 한다. 그러한 수익을 단지 찬양한다는 것은 위험하다. 오히려 이들을 다시 채용할 방법은 없는지, 신사업 전략은 없는지, 구조조정을 통해 잃은 영업망을 커버할 방법은 무엇인지에 대한 이야기가 필요하다.

◎ 인턴십 자기소개서 : 조선일보

1. '나를 설레게 하는 것들'에 대해 서술해 보십시오.

그러니까 6살쯤 됐을 때다. 시골 할머니가 건네준 작은 고추를 먹고는 얼굴이 시뻘게졌다. 냉큼 부엌 싱크대로 달려가 보았지만, 키가 작은 나머지 물을 틀 수 없었다. 발을 동동거리다 결국 울었다. 고추가 맵기도 했지만, 상황이 억울했다. 한참 냉수를 벌컥거리고는 고추는 쳐다보지도 않았다. 문제는 그 이후였다. 역설적이게도 자꾸 고추가 생각나는 거였다. 도통 매운 고추 앞에선 장사 없기에 아쉬운 대로 고추장을 밥에 비벼먹기 시작했다. 고추장도 맵긴 매한가지였다. 다만 먹고 나면 달콤한 여운이 남는 게 매력이었다. 겁이 많은 내겐 안성맞춤이었다. 달콤함이 그만큼 컸다. 어느새 난 밥과 고추장만 있어도 한 끼 해결한다는 대한민국 아줌마가 돼버렸다.

달콤함과 매움. 입맛에만 통하는 게 아니었다. 삶에서도 통했다. 대입을 준비하는 데 있어 내겐 롤모델이 필요했다. 남들 하는 대로 똑같이 공부해선 안 될 판이었다. 나를 이끌어줄 '거장'이 필요했다. 내가 선택한 인물은 이순신. 당시 베스트셀러였던 김훈의 '칼의 노래'를 읽은 게 큰 이유였다. 희망도 절망도 없는 세상에선 그만의 '칼'이 있었다. 그건 매움이었다. 하지만 그에겐 '달콤함'도 있었다. 적들 앞에선 살벌했지만, 백성들만큼은 온순한 양처럼 대했다. 수군의 이동에 백성을 꼭 챙겼으며, 수영은 전쟁지휘소 외에도 백성들의 피난처였다. 결국 '거장'의 힘은 나를 대학으로 인도했다.

세월이 흘러 지난 여름이었다. 내가 서있던 곳은 '현장'이었다. 모 신문사의 정치부 인턴기자로 말이다. 나는 국회와 당에 출입했었다. 이곳엔 고추장과 같은 거장들이 몰려 있었다. 그들은 기자들이다. 취재 때는 매섭고 강직하게 임하지만 기사만큼은 정성스럽고 달콤하게 다룬다. 나를 설레게 한 것들이 한 곳에 몰려 있다니. 이곳은 나를 총체적으로 설레게 했다. 현장에 돌아가야만 하는 첫째 이유인 셈이다.

설렘이 바람이 된 것인가. 이번엔 배워야 할 게 하나 더 있다. 고추장을 양념해 '쌈장'이 되는 방법이다. 그건 나만의 기자 됨됨이일 것이다.
(이하 생략)

● 스타일 분석 : 에세이식 자기소개서

왜 신문사 자기소개서를 실었나 언론사의 자기소개서를 음미해볼 필요가 있다. '아랑'과 같은 언론사 준비 카페를 통해 보면, 자기소개서의 문항이 때로는 상당히 파격적인 감이 있다. 제시한 '나를 설레게 하는 것'이라는 것 역시 에세이 느낌이 다분한 자기소개서 형식이다.

혹자는 '기업에서 이런 에세이식의 자기소개서를 출제하겠느냐'고 말할 수 있다. 그런 당신은 이미 한 발 늦게 출발하는 것이다. 최근 감성 경영이 강화되면서 필기시험, 면접 등 제반 과정에서 지원자의 감성까지도 평가하는 시대가 됐다. 따라서 혼자 외운 듯한 '저는 ○○대학을 졸업하고…'라는 식의 접근은 이제 시대에 뒤처지는 지름길이다.

기업에서 출제한다면… 사실 '나를 설레게 하는 것'이라는 식의 주제까지는 나오지 않는다. 그러나 CJ의 이념 중 하나인 '제일 좋은 생활 문화 기업'을 원용해 "'제일 좋다'는 것은 무엇인가" 정도의 에세이는 충분히 출제 가능하다. 이런 문항을 출제할 경우 지원자의 회사 이해도를 극명히 가를 수 있다.

신문사 인턴을 하라 이번 기회를 살려 이야기한다면, 필자는 대기업 지원자들도 시간적 여유가 된다면 신문사 인턴을 해보기를 강력히 권한다.

신문사 인턴이 좋은 이유는 세상을 보는 눈을 기를 수 있기 때문이다. 각 언론사의 시각과 방향을 차치하더라도, 기자의 직함을 달고 세상을 보는 것은 대기업에 입사한 이후에는 느끼기 힘든 경험이다. 세상에 대해 문제의식 내지는 아젠다를 머릿속에 채우고 보는 사회는 그냥 보는 것과 천양지차다. 또한 창의성을 극도로 요구하는 언론사의 분위기상 각 대학생들이 톡톡 튀는 아이디어를 생각해내는 것은 물론이다.

또 신문사의 경우 학년 제한이 다른 회사에 비해 덜하다. 당장 채용할 수 있는 인재를 원하는 대기업에 비해, 언론사의 시각을 전하고 예비 독자를 개척한다는 측면도 있는 신문사 인턴의 경우 지원자격이 대기업에 비해 완화됐다. 물론 그만큼 지원자가 많아 경쟁률은 더 높다. 하지만 저학년 학생들이 가볍게 신문사를 통해 세상을 보는 눈을 기르는 것은 어떤 분야에 진출하더라도 큰 밑거름이 될 수밖에 없다. 이 책을 읽는 대학 저학년 독자들은 당장 신문사 인턴에 도전하기를 바란다.

◎ 인턴십 자기소개서 : P&G

1. 귀하가 가장 성취감을 느꼈던 2가지 일은 무엇이었습니까? 그 성취감을 이룬 2가지 일은 어떤 동기에 의하여 시작하였으며, 그 일들을 달성하기 위해 어떤 노력을 하였는지 적어 주십시오.

군복무 중 시간을 잘 활용해 보고자 한국 썬마이크로시스템즈의 마케팅 공모전에 지원하였습니다. 낮에는 전투경찰로서 민원응대를 하고, 밤에는 공모전에 몰두했습니다. 신체적으로는 매우 힘들었던 시간이었지만, 입상하여 시상식에 참석했을 때는 그 어떤 것보다도 자랑스러웠습니다.

CBS 노컷뉴스 인턴기자 시절, 중앙박물관에 노인들이 너무 힘겹게 잠을 청하는 것을 보고 가슴이 아파 이를 기사화하였고, 결국 중앙박물관에 노인 휴식시설이 생겼습니다.

2. 귀하가 대학 재학 기간 동안 했던 학업 외 활동은 어떤 것이 있습니까? 그 활동에서 귀하의 리더십을 발휘한 적이 있다면 어떤 부분이었는지 적어 주십시오.

로레알 코리아에서 랑콤 홍보대사로 활동했습니다. 홍보 방안을 제시하고 마케팅 기획안을 만들어 보는 행사에서, 화장품을 중심으로 여성의 문화를 이해하는 데에 큰 도움이 되었습니다. 특히 Resurface peel 온라인 CF 이벤트를 기획하면서, CF4에 출연해본 것은 정말 값진 경험이었습니다.

3. 귀하가 새롭고 발전된 방법으로 일을 성취한 적이 있습니까? 어떤 방법이었는지 적어 주십시오.

현재 일하고 있는 프리존 뉴스는 인터넷 정치신문입니다. 따라서 인턴기자에게도 정치 뉴스를 많이 다루기를 기대합니다. 그러나 저는 정치보다는 사회의 불합리함을 다루는 것을 좋아하고, 따라서 멘토 기자 선배와 상의하여 평소에 기자들이 다루지 않는 사회분야 위주로 취재하였습니다.

초반의 우려와는 달리, 제가 취재한 '경찰관이 파출소에서 시민 폭행', '길거리에서 무료통화권 받지 마세요' 등은 좋은 평가를 받았고, 사장으로부터 칭찬을 받았습니다.

4. 귀하가 동시에 여러 일들을 성공적으로 처리한 경험이 있으시면 어떻게 했었는지 그 방법을 적어 주십시오.

2005년 9~12월에 4가지 활동과 과외를 동시에 했습니다. 랑콤 홍보대사와 야후코리아 오피니언리더, 부산광역시 시정모니터, 한 회사의 인턴을 하고 과외 2개를 같이 했습니다. 당시에는 여러 곳에서 많은 선배님들께서 아껴 주시는 점도 있어 인턴 활동을 그만두기도 그랬고, 가정 형편도 어려워서 과외도 그만둘 수 없었습니다. 그러나 부족한 잠은 몇 시간씩 끊어서 자고, 매일매일 시간표를 짜서 잘 운용하여 성공적으로 학기를 마쳤습니다.

5. (선택) 위 질문 이외에 귀하의 인생에 큰 영향을 미친 경험담이 있다면 적어 주십시오.

3월 초, 스위스 쌩갈렌대학에서 하는 모의WTO에 지원하였습니다. 생전 처음 듣는 학교고 모의 UN도 아닌 WTO라서 생소하기도 했으나, 졸업 이전에 마지막으로 국제 세미나에 참가할 기회라 생각하여 지원하였습니다.

영어로 에세이를 쓰고 활동 내역을 모두 영어로 번역하는 일은 상당히 힘들었으나, 막상 합격을 하고 이번 6월에 세계 18개국 대학생들과 토론을 할 생각을 하니 기쁘고, 저 역시 크게 발전될 것이라는 생각에 즐겁습니다.

필자가 P&G에 제출한 자기소개서다. 필자는 당시 1차 집단 토론을 통과했으나 2차 2:1(면접관이 2명)에서 탈락했다. P&G의 자기소개서는 특별히 특이한 점이 없기 때문에 이번에는 면접 이야기를 좀 하겠다. P&G의 전형은 필기시험, 집단 토론 및 발표, 개인 면접, 비즈니스 스쿨 등으로 이뤄진다. 인턴을 통해 직원이 되는 만큼 인턴 선발과정 자체부터 경쟁률이 높다.

● 스타일 분석 : 없는 이야기는 어떻게 해야 하나?

필자가 떨어진 이유는 사실 면접에서 너무 버벅댔기 때문이다. 당시 질문은 '팀플레이로 무언가 한 것이 있는가' 였다. 당시 필자가 순진했던 것일까. 없는 팀플레이를 꾸역꾸역 생각해내려고 노력했고, 결국 군대 이야기가 나왔다. 불을 보듯 뻔한 결과다. P&G의 면접은 한 가지 주제에 대해 심도 있게 질문을 해서 지원자가 한 가지 주제에 대해 1시간 가량 이야기하는 형태였다. 때문에 간신히 생각해낸 답변으로 1시간을 버틸 수는 없었고 때문에 결국 필자는 떨어졌다.

P&G의 교훈 때문이었는지, 필자는 이후로 면접을 할 때 '버벅대느니 강하게 나간다' 는 신조를 취해왔다. 이후 실시된 CGV 인턴십 역량 면접에서도 1시간 동안 '팀플레이 경험' 에 대해 질문이 들어왔다. 필자가 생각한 답은 '없다' 였다. 면접관이 더 당황했다. 왜 없냐는 것. 이에 필자는 "회계 위주로 공부를 해왔고, 마케팅 기획서 같은 것도 주로 혼

자 써 버릇하다 보니 없다. 없는 경험을 있다고 하냐.”는 답을 했다. 물론 ‘정 없어도 적절한 사례를 생각해서 말해보라’ 는 면접관의 말을 듣고는 다른 사례를 생각해서 말했지만, P&G때의 버벅거림과는 사뭇 다른 분위기였다. 물론 합격했다.

최근에는 사라지는 추세지만, ‘귀하가 동시에 여러 일들을 성공적으로 처리한 경험이 있으시면 어떻게 했었는지 그 방법을 적어 주십시오’라는 식의 질문은 지금도 많은 지원자를 괴롭히고 있다. 이런 질문은 업무가 많이 떨어질 경우 당신은 어떻게 할 수 있는지를 묻는 판단력과 업무 추진력을 묻는 질문이다. 이런 질문의 경우 질문을 생각하고 자기소개서를 기술해야 한다. 자신이 추진한 여러 가지 일에 대해 기술한다면 각각의 업무를 어떻게 조정했는지, 어떻게 하나하나 처리했는지 등을 눈에 보이듯 서술하는 것은 물론, 연관 질문을 예상하고 면접장에 임해야 하겠다. 그 외의 질문은 새로운 것이 없어 생략한다.

1. 지원하신 직무를 본인이 잘 수행할 수 있다고 생각하는 이유를 구체적으로 기술하여 주시기 바랍니다.

저는 4년간 경영학 전공을 이수하는 과정에서 회계 및 인사, 그리고 마케팅 분야에 깊은 관심을 갖고 다양한 과목에서 우수한 성적을 얻은 바 있습니다. 경영학에는 앞서 언급한 분야 외에도 다양한 세부 전공 분야가 있지만 회계와 인사, 마케팅 분야에서 제 능력을 더욱 잘 발휘할 수 있다는 신념을 줄곧 갖고 있었으며, 따라서 관련 분야에서 업무를 하기 위한 준비도 병행할 수 있었습니다.

인사관리 분야의 경우에는 군 입대 전부터 가장 많은 관심을 갖고 있던 분야라고 해도 과언이 아니며, 또한 2년여 간의 군 복무 기간 동안 경기도 양주의 한 포병 대대에서 대대 인사행정병으로 복무하며 일반 기업체의 인사관리 시스템과 크게 다르지 않은 군 간부 및 사병의 인사관리를 전담하는 과정에서 관련 이론과 직접적인 실무를 연계시킬 수 있는 좋은 기회를 가졌다고 생각합니다. 더욱이 전역 후 더욱 체계적인 인사 및 조직에 관련된 과목을 학습하며 실제로 수행했던 인사관리의 전반적인 행정 업무와 기업 조직 내에서 흔히 발생할 수 있는 문제점 등에 대한 바람직한 해결방안 도출 등에 관하여 깊이 있는 학습을 했다고 생각합니다. 따라서 다른 분야들에 앞서 기업 조직 내에서 인사 관리를 통한 전체의 발전에 기여하고 싶다는 생각을 갖고 있었기에 금번 귀사의 입사 지원에서도 인사관리 분야를 첫 번째 지망으로 작성하게 되었습니다.

회계와 마케팅 분야도 대학 입학 후부터 지속적으로 흥미와 관심을 갖고 상대적으로 깊이 있는 학습과 좋은 성적을 거둔 분야이며, 관련된 분야의 업무에서도 역시 좋은 결과를 성취할 수 있을 것이란 자신감으로 지원하였습니다.

저는 어린 시절부터 줄곧 다양한 조직의 리더 역할을 수행하고 경험하여 왔습니다. 학창시절 학생회장부터 시작하여 보이스카우트 학교대표, 8년 연속 선출된 학급 대표를 비롯하여 가장 최근의 것으로는 홍익대학교 가톨릭 학생회의 2005년도 회장직을 수행하였습니다. 또한 보이스카우트, 엑스포 과학 소년단, 조선일보 학생기자(2년간), 서울 가톨릭 대학생 연합 등 다양한 단체와 조직에 적극적으로 참여하고 활동한 경험도 갖고 있습니다.

이러한 참여와 리더 역할의 수행은 저를 더욱 사회적인 존재로 만들었으며, 어떠한 조직 내에서라도 저의 역할을 명확하게 인지하고 이를 성공적으로 수행할 수 있다는 자신감을 갖도록 하였습니다. 조직 문화인 기업에서 누구와도 쉽게 융화될 수 있고, 리더의 역할과 지위가 필요할 때 이를 수행할 수 있는 능력은 저의 가장 큰 장점이라고 확신합니다.

또한 98년 미국과 캐나다, 02년 유럽 13개국, 05년 일본, 홍콩 등 수차례의 해외 단독 배낭여행을 통해 국제화 시대에 기업의 가치를 높일 수 있는 해외시장에 대한 개척자적 마인드를 키울 수 있었으며, 외국어 구사에 대한 자신감과 어떤 상황에서도 침착하게 판단하여 대응할 수 있는 능력까지 키울 수 있는 좋은 계기였다고 생각합니다.

이러한 저의 리더십과 조직에 대한 융합성, 그리고 외국에 대한 다양한 경험은 분명 귀사에 큰 도움이 되리라 확신합니다.

3. 지원하신 회사, 직무, 근무지와 관련하여 특별히 희망하는 점이나 면접자에게 꼭 알리고 싶은 사항을 기술하여 주시기 바랍니다.

저는 어떠한 직무, 어떠한 위치에서라도 최선을 다하는 저의 노력만 있다면 향후 꼭 좋은 결과가 있을 것임을 믿어 의심치 않습니다. 또한 귀사와 제 자신의 발전을 위해서라도 앞으로도 계속 정진할 것이며 이는 분명 귀사에도 큰 도움이 될 것임을 확신합니다.

단, 한 가지 말씀드리고 싶은 점이라면 저는 현재 25살 대학 졸업반입니다. 군 복무를 위한 24개월의 휴학을 제외하고는 고교 졸업 이후 단 한 차례도 쉬지 않고 학업을 계속해왔습니다. 또한 경영학과 독어독문학을 복수전공하고 홍익대학교 가톨릭학생회의 회장직을 수행하는 등 매우 다양한 활동과 학습을 지속해왔습니다. 따라서 현재까지는 TOEIC시험의 점수가 만족스럽지 않은 상태이며, 겨울방학 내 학습한 결과가 아직 발표되지 않은 관계로 현재 저의 성적은 저의 영어실력을 정확하게 반영한다고 볼 수 없을 것입니다.

제가 귀사에 입사하고 싶은 희망이 큰 만큼, 이에 대한 반영이 조금이나마 있었으면 하는 아쉬움이 있습니다.

4. 위에 기술한 내용 외에 첨부하고자 하는 내용이 있으시면 아래에 이력서를 첨부하거나 추가하실 내용을 기술하여 주시기 바랍니다.

저는 경영학과 독어독문학을 복수전공하여 경영학의 제반 관련 분야들에 대한 깊이 있는 학습과 의사소통에 문제가 없을 정도의 중급 독일어 회화 능력을 갖고 있습니다. 또한 영어에 대한 관심과 학습의욕이 높아 지속적으로 학습해왔으며, 다양한 영어권 국가로의 여행을 통해 회화 능력에 대한 상당한 자신감을 가질 수 있었습니다. 영어를 통한 의사소통은 아무런 불편함 없이 편안하게 구사할 수 있으며, 최근에는 비즈니스에 활용하는 데 문제가 없을 정도의 고급 영어를 구사하기 위해 노력하고 있는 중입니다.

또한 앞에서 기술한 내용 이외에도 다양한 아르바이트 경험을 한 바 있는데 구체적으로는 중고교생 과외 학습지도, 홍익대학교 중앙도서관 사서(2001년 12월~2002년 5월), 한국수자원공사 종합정보센터 데이터베이스 구축 및 서관 관리(2002년 7월~2002년 9월), 신세계 인터내셔널 기획전 행사 진행요원(2005년 7월~현재) 등이 있습니다. 이러한 아르바이트 경험은 군 복무 경험과 더불어 기업에서의 실무적인 요소들을 직접 체험하고, 직장생활에 대한 저의 바람직한 자세를 미리 준비할 수 있도록 도와주었습니다.

더욱이 이러한 각종 경험을 통해 워드프로세서, 파워포인트, 엑셀 등의 스프레드시트, 데이터베이스 관리까지 실무에서 사용되는 다양한 컴퓨터 활용능력을 키울 수 있었으며, 이를 바탕으로 관련 자격증 시험도 준비 중에 있습니다. 저는 특별히 국악기 연주(대금)와 운동(축구)을 매우 좋아하며 이를 취미생활로 유지하고 있습니다. (이하 생략)

객원저자 변용휘 씨의 자기소개서다. 변 씨는 2006년 여름 CJ그룹 인턴십을 수료한 뒤 정직원으로 최종 합격한 바 있다. 변 씨의 자기소개서는 전반적으로 무난한 톤으로 서술되었다.

● 장점

차분히 강점을 드러낸다 변 씨의 자기소개서는 자신이 인사팀을 지망하는 학생으로서 꾸준히, 또 차분히 준비해 왔음을 드러내고 있다. 인사팀의 특성상 오버하는 것보다는 차분하고 꾸준히, 또 문제없이 가는 근면한 신입을 원한다는 점을 간파하고 서술한 것으로 생각된다.

한눈에 파악할 수 있는 서술 또 변 씨는 어릴 적부터 자신의 생활을 한눈에 알아볼 수 있게 자기소개서를 서술하였다. 다른 직무와는 달리 내부 고객인 회사의 직원을 대상으로 하는 직무인 인사팀 지원자로서 적합한 서술이다. 인사 직무를 지원하는 사람의 경우 내부 직원의 특성 하나하나를 파악할 수 있는 사람이어야 한다. 지금은 완화됐지만, 우리 사회에 뿌리 깊게 자리잡은 '뿌리를 물어보는 것'을 생각하고 자신의 뿌리를 역으로 드러내는 서술을 한 것이 아닌가 싶다.

● **단점**

구차해 보이는 변명 영어 성적에 대한 이야기는 구차하게 들린다. 영어를 못하는 게 자랑인가? 그런 서술을 구구절절하게 하는 것은 오히려 지면 낭비다. '영어 성적은 나쁘지만 노력 중'이라는 식의 서술 정도면 적당하다.

특이 사항에 왜 정리를 하니? 4번 문항은 특이 사항이 있다면 강력히 어필해보라는 공간이다. 이곳에 변 씨는 자신의 특징을 차분히 읊어 줬다. 별로 효과적이지 않은 서술이다. 오히려 인사담당자가 된다면 자신이 갖고 있는 포부에 대해 서술한다면 더 좋았을 것이다.

◎ 인턴십 자기소개서 : 국제금융센터

반갑습니다. 숙명여자대학교 중어중문과에 재학 중인 김아영입니다. 수업시간에 중국 경제나 금융 관련 수업을 들으면서 글로벌 금융시장에 대해 관심을 갖기 시작하였으며, 금융시장이 전 세계 곳곳에 미치는 파워가 날로 커져가는 것을 보면서 국제금융을 직접 느끼고 배울 수 있는 현장에서 일해보고 싶다는 생각에 금번 채용에 지원하게 되었습니다.

6살 때 '타짜'가 되었습니다. 부모님과 잠시 떨어져 할머니, 할아버지와 살았었는데 어린 제 눈에 할머니, 할아버지는 다소 적적해 보이셨고 할머니, 할아버지의 동무가 되어 두 분을 심심하지 않도록 해드리기 위해 생각해낸 것이 민화투였습니다. 민화투를 가르쳐 달라며 할머니를 조를 만큼 사람들과 어울리기를 좋아하였습니다. 주변사람과 잘 어울리고 타인의 마음을 헤아리는 태도는 어렸을 적부터 길러졌습니다.

대학입학 후 저는 2004년부터 1년 간 교내 텔레마케팅 봉사단원으로 활동하였습니다. 동문님들께 전화를 걸어 학교 소식을 전하고 학교 발전기금모금도 유도하는 쉽지 않은 업무였고 게다가 전화로만 응대해야 하는 어려운 업무였지만, 봉사를 하는 동안 제가 배운 것은 '고객 특성 맞춤 대화'라는 당연한 가치였습니다. 전공, 학번, 활동무대 등이 각양각생인 선배님들께 특성 있는 소재로 대화를 이끌어 나가기 시작하였으며, 실적이 점차 좋아져서 '이달의 TM'으로 선정되고 인턴십 장학금을 받기도 했습니다.

2005년 중국 호북성 무한시에 있는 무한대학에서 교환학생을 할 때, 전 유학생 기자활동을 하였습니다. 조선족 등 해외 동포의 방문취업제가 활성화되고, '해외파' 인재가 득세하는 상황에서 단순히 어학과 학과만 치중해서는 인재가 될 수 없다고 생각했기 때문입니다. 2차례의 구술시험을 통해 기자단에 합류하였으며, 개교 104년 이래 제 1호 유학생 기자라는 타이틀과 함께 저는 지난 1년 동안 무한 시내 곳곳을 뛰어다니며 취재했습니다. 그 중에서도 "步行周游世界(걸어서 세계일주)"라는 기사는 학내에서 큰 반향을 일으켰고, 이 때문에 무한대학의 신문지면에 '來自韓國的溫柔力量(한국의 온유한 힘)'이라는 제목으로 저에 대한 인터뷰가 실리기도 했습니다.

한국의 문화를 전달하기 위해 몸으로 뛰기도 했습니다. 무한대학 연례 국제학술제 기간에는 '중국의 한류 열풍을 바라보는 한국인'이라는 주제로 발표를 해 한국이 단순히 중국을 문화 시장으로 바라보는 것이 아닌, 아시아의 공감대 형성을 원한다는 논리를 펼쳤습니다.

그 밖에도 SK텔레콤과 함께하는 문화독립기행 활동, 무한대학 사진동아리, 무한대 국제문화제 한국유학생팀 연극 기획 및 출연 등 다양한 활동을 통해 제 적극성을 발전시켜 왔습니다.

내년 2월 졸업을 앞두고 여러 생각이 교차했지만 국제금융센터의 인턴을 하면서 막연했던 국제금융을 몸소 배우고 익혀 제 잠재력을 발굴해보고 싶습니다. 사람들과 잘 어울리는 친화력과 글로벌 무대에 당당히 도전하는 자신감, 그리고 성실함으로 국제금융센터에서 열심히 일하겠습니다. 감사합니다.

객원저자 김아영 씨의 자기소개서는 완성도가 높은 수작이지만 조금 아쉬운 감이 많다. 장단점을 살펴보도록 하자.

● 장점

재미있는 에피소드 '한국의 온유한 힘'이라는 내용은 참 재미있다.

중국 무한대학에서 교환학생이 학보사의 일원으로 활동하고, 또 자기 자신이 취재 대상이 됐다는 이야기는 참 신선하다. 일반적인 학생들에게서 얻을 수 없는 이야기다. 그러나 김 씨는 이를 잘 살리지 못한 아쉬움이 있다. 오히려 온유한 힘 이야기를 앞부분에 배치하고 이를 통해 자신의 강점을 소개한 뒤 포부까지 아우르는 전개방식을 취했다면 오히려 읽는 사람을 몰입시켰을 것이다.

다양한 활동 김 씨는 다양한 활동을 했다. 문화독립기행이나 무한대학 사진 동아리, 학교 TM 등을 했다. 그러나 다양한 활동 역시 다분히 나열식이다. TM 같은 활동은 충분히 자신의 강점으로 살려볼 법한 항목이다.

● 단점

'타짜' 타짜 이야기는 아쉽다. 사람들과 잘 어울린다는 한마디를 하기 위해서 화투 이야기를 구구절절히 썼다. 별로 필요없어 보인다.

빈약한 지원동기 김 씨의 자기소개서에서 가장 큰 문제점은 지원동기가 호소력 있게 읽히지 않는다는 점이다. 중국 경제 수업에서 관심을 가졌다는 이야기는 신선하다. 그러나 '금융시장이 전 세계 곳곳에 미치는 파워가 날로 커져 가는 것을 보면서 국제금융을 직접 느끼고 배울 수 있는 현장에서 일해보고 싶다는 생각'은 다분히 작위적이다. 국제금융에 대한 열정과 평소의 관심사가 상세히 서술되었어야 했다.

잘나가는 신입사원 20명이 공개하는
자기소개서 잘 쓰는 법

Copy & Paste,
인사담당자들은 다 알고 있다

사실 인사담당자들은 '붙여넣기' 한 자기소개서를 귀신같이 잡아낸다. 그게 직업 아닌가. 매일같이 채용방식을 연구하고 매 채용시즌별로 자기소개서를 읽는 인사담당자들이 붙여넣기를 모를 리 없다.

그렇다고 무작정 한 편 한 편의 자기소개서를 모두 새로 쓰기도 어려운 노릇이다. 많게는 하루에도 10개 이상의 회사를 지원해야 하는 경우도 있는데, 한정된 시간에 모든 자기소개서를 공들여 쓸 수도 없는 노릇이다. 이 역시 인사담당자들은 알고 있다.

업종별, 거점 회사별로 작성하라

그나마 대안을 제시한다면 '강약을 조절' 하라고 말하고 싶다. 자신이 정말 가고 싶은 회사를 중심으로 창작하되, 비슷한 업종의 경우 그 자기소개서를 십분 활용하는 것이다. 그러나 이 경우에도 각 회사별 특성이

나 인재상의 경우에는 홈페이지를 찾아서 약간은 변형하는 것이 필수다. 일주일 내내 자기소개서를 작성할 경우 머리가 맑은 오전에 거점 회사를 작성하고 오후에는 그 외의 회사 3~4군데의 자기소개서를 쓰는 것도 방법이다.

그나마 쉬운 방법은 신문 기사를 활용하는 방법이다. 각 회사에 대한 언론 보도를 검색하고 이를 바탕으로 작성한다. 단, 여기서 유의할 점은 최근의 기사를 인용하는 것을 자제하는 점이다. 최근의 기사를 인용할 경우 "얘, 뉴스 베꼈군"이라는 이미지를 크게 줄 수 있기 때문이다. 역으로 2~3년 전의 기사를 바탕으로 글을 쓰거나 4~5년 간의 기사를 통시적으로 서술한다면 붙여넣기의 느낌을 쉽게 뺄 수 있겠다.

검색에 있어 팁은 '한 곳의 언론사에서 검색하라' 는 것이다. 네이버나 다음에서 검색할 경우 모든 언론사를 대상으로 하기 때문에 오히려 기업에 대한 정보가 중복되게 나타난다. 한 곳만 파라.

자연스럽게 변형하라

대부분의 자기소개서 책에서는 붙여넣기를 언급하지 않는다. 그러나 많은 지원자들은 '붙여넣기 어떻게 해야 하나' 를 고민한다. 한정된 시간에 50~60군데 회사에 지원하려면 붙여넣기를 할 수밖에 없기 때문이다.

독자들의 이해를 돕기 위해 필자가 같은 내용으로 9군데의 인턴으로 지원했던 자기소개서를 공개한다. 각 자기소개서별로 어떻게 변형을 줬는지 살펴보기를 바란다. 물론 필자의 경우 기존의 자기소개서를 프린트하고 보면서 새로 작성해 무조건 붙여넣기를 한 사람의 자기소개서에 비해서는 매끄럽게 읽힐 것이다.

◎ SK 건설 경영지원

1. 지원동기

SK건설을 알게 된 것은 아파트 '뷰'를 통해서입니다. 단순히 건설회사로서가 아니라 SK의 얼굴인 '아파트'를 통해 SK의 이미지를 만들어 내는 회사이자, 서민들에게 내집마련의 꿈을 실현해주는 회사라는 점이 마음에 들었습니다. 또한 무엇보다 각종 비리나 품질에 관한 의문이 전혀 없는 회사라는 점도 제 마음을 사로잡았습니다.

저는 SK건설의 경영지원 부문에 지원하게 되었습니다. SK건설의 향후 신규 투자에 대한 IR과 PR을 위주로 SK건설의 경영의 흐름을 배워보고 싶습니다.

2. 자신에 대해 기술

평범한 성장과정은 아닙니다. 여군 특전사 출신의 어머니 밑에서 자라 상관의 지시를 잘 따르는 편이며, 매사에 완벽주의자이기도 합니다. 강점으로는 철저한 준비성, 활달한 성격, 새로운 것을 잘 찾는 것이며 약점으로는 일에 대해 결벽증처럼 완벽을 추구하고, 대놓고 비판하기를 좋아하며, 손쉽고 효율적인 방법만을 좇는다는 것이 있습니다. 인생에 있어서 가장 자랑스러운 것은 중학교 시절 정신지체 학우를 2년간 보조하여 받은 '서울시 모범학생 수상'이며, 이때의 마음으로 배려심 있는 사람이 되려고 항상 노력하고 있습니다.

3. 사회생활 해외경험

다양한 경험을 하려고 노력했습니다. 우선, 학업 외 활동으로는 로레알 코리아에서 랑콤 홍보대사를 하면서 Resurface peel CF 제작에 참

여 및 출연하였고, 야후 코리아에서는 데스크탑 검색 서비스 개발에 참
여하였습니다. 그 외에 부산광역시 시정모니터, 경남도민일보 객원기
자 등의 활동을 하였습니다.

또한 이번 6월 초에 스위스 St. Gallen에서 열리는 모의 WTO에 한국
대표로 뽑혀 6월 초부터 2주간 스위스 St. Gallen과 Geneva WTO본부
에서 토론 및 발표를 합니다.

4. 기억에 남는 일

가장 성취감 있던 경험은, 군복무 중 시간을 잘 활용해 보고자 한국
썬마이크로시스템즈의 마케팅공모전에 지원한 일이었습니다. 낮에는
전투경찰로서 민원응대를 하고, 밤에는 밤을 새가면서 한 달 동안 마케
팅 기획서 작성에 몰두했습니다. 신체적으로는 매우 힘들었지만, 입상
하여 시상식에 참석했을 때에는 그 어떤 것보다도 자랑스러웠습니다.

역으로 가장 큰 실패는, 펜잘 공모전 낙방입니다. 당시 마케팅 공모전
입상으로 우쭐해 있던 저는 손쉽게 무엇인가를 해보겠다는 생각에 그
다지 고민 없이 통계와 조사만으로 공모전에 도전하였고, 주저없이 실
패하였습니다. 이 경험으로 인해 일을 시작할 때에 확실한 조사와 고
민, 생각이 없으면 무조건 실패한다는 당연한 교훈을 다시금 깨달을 수
있었습니다.

5. 하고 싶은 말

단순히 성적이 우수하고 매사 모범적인 학생을 선발하기 위해 하계
인턴십을 시행하시는 것은 아니라고 생각합니다. 저의 다양한 경험과
아이디어, 열정을 바탕으로 SK건설의 PR과 사업 구상, 소비자 만족을
위해 혼신의 힘을 쏟고 싶습니다. 감사합니다.

◎ GS 칼텍스

1. 성장과정 및 성격 장단점

어릴 적부터 신기한 것을 좋아했습니다. 소위 '특이한' 것을 즐겼습니다. 대학 시절에도 공부에 몰두하기보다는, 로레알 코리아의 화장품 홍보대사로도 활동하고, 화장품의 CF에 참여하기도 하는 등 취업 후에 해볼 수 없는 다양성 획득을 위해 노력했습니다.

특이함의 추구는 한편으로는 '일상으로부터의 탈피'를 통한 꾸준한 아이디어의 원천이 되기도 하지만, 다른 사람들과의 부조화를 비롯한 문제를 일으키기도 합니다. 중 고교 시절은 물론, 지금까지도 저는 특이함을 장점으로 승화시키기 위해 노력했다고 자부합니다. 다른 사람과의 관계에 있어서 조화되지 않는 단점도 극복하기 위해 황사방지 대학생 중국방문단의 일원으로도 참가하고, 유엔 환경계획의 국회 세미나에도 참가하는 등 대학생활의 절반 이상을 동년배 및 어르신들과의 커뮤니케이션에 투자하였습니다.

저는 이러한 특이함을 바탕으로, GS칼텍스의 원유수급 공급자와의 파트너십 강화와 기업 커뮤니케이션 활동에 뛰어들고 싶습니다. 남들이 모두 아니라고 할 때, 혼자 예라고 말하는 인재가 되고 싶습니다.

2. 학창시절

학창시절 내내, 진로에 대한 회의를 품었습니다. 따라서 저의 적성을 탐색해보는 시간으로써 대학 4년과 군대 2년을 보내고 싶었고, 제가 할 수 있는 최대한 다양하고 즐거운 일을 했다고 생각합니다. 배움에서도, 단순히 경영학적 지식을 쌓기 보다는 다양한 분야의 안목을 기르고 싶었습니다.

배움에 있어서 저에게 비교우위가 되는 부문을 들라면 바로 페미니즘입니다. 남성으로서는 흔치 않은 배움이지만, 저는 2년간 페미니즘에 대하여 고민해볼 수 있었습니다. 특히, 이화여대 OOO 교수님과의 한 학기 동안 '여성 노동 정책'에 대해 대화할 수 있었던 것은, 제 대학 4년간 가장 소중한 시간으로 기억됩니다. 앞으로 여성학적 지식과 사고방식을 바탕으로 GS칼텍스가 여성계와 국민들에게 '양성 평등한 기업'으로 각인될 수 있도록 노력하고 싶습니다.

3. 취미, 특기, 수상경력 등 특이사항

제가 다른 지원자들과 다른 특이사항을 들라면, 저는 저의 안목이라고 말씀 드리고 싶습니다.

가장 기억에 남는 것은 2003년 당시 한국 인터넷 진흥원의 해외인터넷봉사단 지원입니다. 물론, 당시에 IT기술자가 없어서 저희 팀은 떨어졌지만, 제가 팀장으로서 지목했던 슬로바키아의 질리나는 저의 낙방 후 6개월 뒤에 현대자동차의 현지 생산공장으로 지정되기도 했습니다.

특기는 상담입니다. 대학시절, 입시학원에서 상담을 담당하기도 하였고, 많은 학생들의 면접을 담당하기도 하였습니다. 따라서 상사와 나중에 들어올 제 후배 사이를 잘 연결하고, 조직의 융합에 앞장서는 인재로 발전할 수 있다고 자부합니다.

취미로는 여행이 있습니다. 그 중에서도 남들이 안 가는 곳을 가기를 즐겨합니다. 2002년에는 터키와 슬로바키아에 다녀왔고, 6월에 모의 WTO를 마치고는 러시아와 에스토니아에 가려고 합니다. 한국인의 인적이 드문 곳에서, 이방인의 느낌을 느껴보면서 새로운 아이디어를 쌓고 싶습니다. 군 복무 중에는 여가 선용으로 부산일보에 독자투고를 하나씩 하던 것이 발전하여 부산 영광도서의 독후감 대회와 경찰청 수필

대회에서 입상하였고, 제대 후에는 CBS에서 인턴기자로 활동하기도 하였습니다.

수상경력으로는 한국 썬마이크로시스템즈의 마케팅 공모전(2005), 새마을 중앙회 표창(2004), 경찰의 날 표창(2004), 경찰 문화대전 수필부문(2004), 서울시 모범학생(1997), 해병대 8733부대장 표창(1998)이 있습니다.

4. 입사동기, 향후 포부

저의 포부는 원유 수급의 1인자가 되는 것입니다. 본래 GS칼텍스의 활약상에 대해 익히 들어 알고 있었고, 석유 수급 분야가 저 자신의 발전에도 매우 도움이 되면서 동시에 국익에도 기여할 수 있다는 점이 마음에 들었습니다.

우선, 인턴으로 입사하게 된다면, 저의 강점을 최대한 보이고 싶습니다. 향후 하반기 공채에 가산점이 욕심이 나기도 하지만, 원유 수급이라는 중요 부서에 도전장을 낸 만큼 제가 할 수 있는 최대한의 열정과 노력을 선보이고 싶습니다. 업무면 업무, 술이면 술, 아이디어면 아이디어, 모두에서 1등급 인턴이 되고 싶습니다.

만약 제가 GS칼텍스의 직원으로 선발이 된다면, 원유수급 분야에서 '영혼 커뮤니케이션'을 만들어 보고 싶습니다. 단순히 석유의 구매자와 공급자 입장이 아니라 평생지기 친구가 될 수 있는 동반자 관계를, 제 영혼을 바쳐가며 만들어보고 싶습니다. 기회가 된다면, 1년 정도 휴직하고 영국 맨체스터 대학에서 "Corporate Communication" 석사과정에서 이론적 지식을 접목해보고 싶은 욕심도 있습니다.

◎ 신세계

1. 성장과정

학원을 하시는 부모님 밑에서 자라, 다양한 연령층의 사람들과 대화하는 데 능합니다. 그중에서도, 학원의 주 방문층인 10대와 학부형인 30~50대 여성층을 대하는 것에 자신이 있습니다. 또한, 이를 바탕으로 전경 복무 2년 간 경찰서에서 민원인들과 상담업무를 하여 경찰의 날 표창을 수상하기도 했습니다. 고교 3년과 대학 4년, 군 복무 2년 간 신세계 백화점의 주 고객층인 주부들의 관점을 이해하고 그들과 대화해 본 경험은, 입사 후 근무 시에 저에게 큰 영감을 줄 수 있는 경험이 될 것이라고 생각합니다.

2. 성격상의 장단점

저의 장점은 추진력과 특이함입니다. 우선, 주어진 프로젝트가 있으면 잠을 자지 않고서라도 일을 하는 스타일이라서 2004년에는 2주일 간의 밤샘작업으로 한국 썬마이크로시스템즈의 공모전에서 입상하기도 하였습니다. 특이한 활동을 즐겨서 랑콤 홍보대사, 부산광역시 모니터 등의 활동을 하기도 하였습니다.

단점은 배려심이 부족하다는 것입니다. 이를 개선하기 위해 지속적으로 헌혈을 하고, 학교에서 튜터링을 하면서 배려심을 함양해 보고 있습니다.

3. 취미 및 특기

상담, 글쓰기

4. 살아오면서 중요했던 일

1. 1997년 2년 간 장애학우를 도운 공로로 서울시 모범학생상 수상
2. 2006년 6월 스위스 모의 WTO에 한국 대표로 참가하는 일
3. 2002년 5월 황사방지 중국 방문단 활동
4. 2005년 9월 CBS 인턴기자 활동
5. 2005년 4월 한국 썬마이크로시스템즈 마케팅 공모전 수상

5. 지원동기 및 포부

신세계에 지원하게 된 동기는 평소 신세계 백화점을 이용해 보면서 느낀 이미지 때문입니다. 한국 최초의 백화점으로서, 최고의 서비스를 지향하고 있지만 경쟁사에 비해 이미지가 저평가된 것은 사실입니다. 따라서 한국 최초의 백화점을 다시 한 번 최고의 백화점으로 거듭날 수 있도록 서비스를 개선하는 데에 힘을 쏟고 싶다는 욕심이 있었습니다.

입사하게 된다면, 새로운 틈새 시장을 찾아 이를 수익에 직결되게 해 보고 싶습니다. 20대 명품 시장을 좀 더 활성화시키기 위해 할부 구매나 보조금 구매 등을 활성화시킨다든가, 어린이 고급 브랜드를 적극적으로 마케팅하는 등의 여러 활동을 기획해서 신세계를 고급 백화점, 고객이 찾아가는 백화점으로 변신시켜보고 싶습니다.

이직의 생각은 없지만, 제 능력을 인정받아 제 경력의 끝을 신세계의 임원으로 마무리짓고 싶은 욕심은 있습니다. 신세계와 함께할 제 인생의 보람을 위해 열심히 달려보고 싶습니다.

◎ AC 닐슨

안녕하십니까. AC 닐슨 코리아의 마케팅 리서치 인턴에 지원한 연세대 경영학과 이현택입니다. 평소 연세대 취업정보실에서 "본 취업정보실의 많은 인재들이 AC 닐슨 등 유수의 회사에 합격하였다"는 말을 수도 없이 들어 왔기 때문에 AC 닐슨의 명성과 마케팅 리서치 분야에서의 독보적 위치는 어느 정도 알고 있었고, 마케팅 리서치에 대한 관심도 있던 차라 이번 인턴십이 저의 발전을 위한 큰 도약점이 될 것이라는 생각에 주저없이 지원서를 제출하게 되었습니다.

우선, 경영학도로서 기본적인 마케팅 마인드 및 소양 외에 남성으로서는 쉽지 않은 여성 용품에 관한 관심을 가지고 있습니다. 로레알 코리아의 랑콤 홍보대사로 활동하면서 CF 촬영 등 화장품에 대한 다양한 경험 을 하였고, 이론적인 측면에 있어서도 이화여대 원숙연 교수님을 비롯한 여러 선생님들께 여성학, 여성정책, 여성교육학 등을 배웠습니다. 앞으로 여성 마케팅이 더욱 강화될 미래에 대비하여 저의 이러한 관점이 AC 닐슨에서 실제적인 접근과 더불어 더욱 발전할 수 있을 것이라 생각합니다.

영어 등 기본적인 사무 기술도 갖추고 있습니다. 2006년 6월 11일 ~16일에 개최되는 스위스 St. Gallen 대학의 모의 WTO에 한국 대표 2인 중 한 명으로 참가하고 워드프로세서, 비서, 유통관리사 등의 자격증을 가지고 있어서 AC닐슨에서 요구하는 '기본' 을 갖추고 있다고 생각합니다.

그러나 무엇보다도, 다른 지원자에 비해 제가 가진 능력은 바로 고객과 상담을 능숙하게 이끌어가는 '상담력'이라고 생각합니다. 대학 1, 2학년 시절 학원에서 학부형 상담을 하였고, 이를 바탕으로 군 복무 중에는 부산 동부경찰서에서 대민 상담을 맡았으며, 우수한 상담 태도로 경찰의 날에 표창을 받기도 하였습니다. 무엇보다 고객사의 요청을 중시하는 리서치 회사에 맞는 상담력과 고객 지향적 사고방식을 통해 인턴기간 동안 제가 AC 닐슨에 꼭 필요한 인재라는 것을 보여드리고 싶습니다. 감사합니다.

◎ 현대중공업

1. 자기소개

반갑습니다. 연세대 경영학과 4학년에 재학 중인 이현택이라고 합니다. 현대중공업은 항상 혁신의 상징이었습니다. 올해 인턴제도가 신설되어 대학 마지막 한 해의 큰 획을 긋고 싶은 생각에 주저없이 지원서를 내게 되었습니다. 저는 다양한 것을 좋아합니다.

대학생활 4년은 인생에 있어서 마지막으로 업무 외의 활동에 전념해 볼 수 있는 기회라 생각하여 회사 외의 활동, 가령 인턴기자로서의 취재나 화장품 회사에서의 테스팅, 유학박람회 홍보단 등의 활동에 전념했습니다. 이 모든 활동은 앞으로 현대중공업에 입사한 후, 다양한 아이디어의 원천으로 작용할 것이라 생각합니다.

성격은 '허술한 듯 치밀한' 편입니다. 문제 해결에 있어서는 최대한 '장인 정신'을 보이는 것을 즐기지만, 대인관계에 있어서는 깐깐함보다는 너그러움과 유머러스함을 추구하는 편입니다. 친구들 사이에서도 주로 '재미난 친구', '개그맨' 등으로 불리고 있으며, 저 자신도 유쾌한 성격을 자랑스럽게 생각합니다.

2. 경력, 활동

대학생활 4년과 군생활 2년 간, 남들보다 짧은 기간에 최대한의 다양한 경험을 만들어 보고자 노력했습니다. 군 입대 전인 2002년에는, 한중미래숲에서 주최한 '대학생 방중 봉사단'의 일원으로 북경과 서안 일대를 방문하여 식목활동과 황사 방지 세미나에 참가하였고, 그 영향으로 2003년 국회 황사 포럼의 진행에 참여하였으며, 오늘날까지 UN환경계획 대학생 봉사단의 일원으로 활동하고 있습니다.

군 복무 중에는 공부에 힘썼습니다. 당시 재학 중이던 친구와 2인 1조로 한국 썬마이크로 시스템즈의 마케팅 공모전에 입상하였고, 새마을중앙회의 자전거 타기 운동 유공 표창, 경찰의 날 표창을 수상하였습니다. 세무사 1차에 합격하기도 했으나 적성에 맞지 않아 공부를 중단하였습니다.

전역 후에는 문화적 다양성을 증진하고자 최선을 다했습니다. 화장품 브랜드 랑콤의 대학생 홍보대사로 활동하였고, 야후 코리아와 부산광역시에서 모니터링 활동을 하였습니다. CBS 노컷뉴스에서는 "새 용산박물관, 국립 중앙 수면실(?)"이란 기사로 1000여 댓글을 받기도 하였으며, 그 경력을 인정받아 현재 '프리존 뉴스'에서 대학생 인턴기자로 활동 중입니다.

3. 지원동기, 포부

제가 현대중공업의 인턴사원으로 지원한 것은 현대중공업의 기업 정신이 마음에 들었기 때문입니다. 무에서 시작하여 울산의 신화를 만드신 창업자 고 정주영 선생의 창업정신이 지금까지 이어져 내려온 것은 물론, 지금까지 한국 경제를 이끌어 온 현대중공업의 일원이 되는 것은 제 자신에게도 영광이지만, 나라 전체에 도움이 되는 것도 큰 의미가 있다고 생각합니다. 따라서 장래 현대중공업의 사원으로 입사 지원을 하기 전에 인턴사원으로서 제 역량을 최대한 발휘하여 신입사원 전형시에 유리한 고지를 점하고 싶습니다.

희망 업무는 기획-조사와 인사-노무가 있습니다. 조선 수주에서부터 실제 인도에 이르기까지 모든 업무를 기획서 한 묶음에 보여주는 '예술'로서의 기획 업무가 마음에 들었고, 여러 프레젠테이션을 통해 회사를 향한 제 포부를 밝힐 수 있다는 직무라는 점에서도 마음에 들었습니다. 또한, 현대중공업의 여러 인재들이 자신의 역량을 최대한 발휘할 수 있도록 경력 개발을 뒤에서 관리해주는 인사-노무 업무도 제 마음을 끌었습니다.

인턴 과정을 거치고 신입사원 전형에 재지원하여 입사하게 된다면, 3년 간은 현대중공업의 여러 업무 프로세스를 한눈에 알 수 있도록 계속 직무에 관한 공부를 할 생각입니다. 입사 후 5년 정도 후에는, 가능하다면 AICPA 등 자격증을 취득하여 제가 현대중공업에 더욱 필요한 인재가 될 수 있도록 끊임없이 노력하고자 합니다.

◎ CJ CGV 사업기획

1. 지원직무를 잘할 수 있는 이유

제가 CGV의 사업기획 인턴에 적합한 이유를 든다면, 세 가지로 정리할 수 있습니다. 첫째는 기획 추진력입니다. 마케팅 공모전과 여러 수기 공모로 인하여 글쓰기를 좋아할 뿐만 아니라, 일단 일이 주어지면 쉬지 않고 몰아쳐서 반드시 일정 수준의 결과를 얻어내야 직성이 풀립니다.

둘째는 항상 주위를 잘 살피고, 사업에 적용될 아이템을 항상 모으는 태도입니다. 길을 걸을 때도 항상 주위 사물을 유심히 관찰하고, 적용 분야에 대해 고민하며, 이를 글로 나타내기를 좋아합니다. CBS 인턴기자 시절에는 남들이 지나치는 '지하철 운전기사의 졸음운전', '국립중앙박물관의 노인 수면 양태' 등의 주제로 온라인 포털 네이버, 다음, 네이트 3사에서 주간 톱 기사로 뽑히기도 하였습니다.

셋째는 다양한 경험과 번뜩이는 아이디어입니다. 저는 화장품 브랜드 랑콤, 야후 코리아, 부산광역시, 두산동아 에듀클럽, 주한 캐나다 교육원 등 전혀 다른 분야의 여러 회사 및 단체에서 활동을 하였고, 이를 바탕으로 다양한 사고를 훈련해 왔습니다. 또한 한중미래숲의 방중대표단, 국회 환경포럼 진행, 대학생 60인의 문화독립기행 등으로 각 지방과 각계 각층의 다양한 목소리에 관심을 갖고 있기도 합니다.

2. 학교생활에서 일반적으로 경험하기 어려운 특별한 체험이나 남다른 성취가 있다면 기재하여 주시기 바랍니다.

남들은 버린다는 군 복무 기간 2년 동안, 고객 응대에 대해 생각해보는 시간을 가졌습니다. 민원인들과 매일같이 만나고 또 상담하는 과정에서 고객의 입장과 직원의 입장이 가질 수 있는 태도의 괴리에 대해 생각해 볼 수 있었고, '고객 교육'이라는 주제에 대해 생각해볼 수 있었습니다. 이를 바탕으로 복무 중이던 2005년 4월에, 한국 썬마이크로시스템즈의 마케팅 공모전에서 '교육을 통한 고객 육성'이라는 주제로 입상하기도 하였습니다. 물론 밤에는 마케팅 보고서에 매달리고, 낮에는 민원인 상담을 하느라 다소 몸이 힘든 것은 사실이었지만, 고객이 사업기획에 어떤 존재인지에 대해 다각도로 생각해볼 수 있는 소중한 기회였습니다.

3. 지원하신 회사, 직무, 근무지와 관련하여 특별히 희망하는 점이나 면접자에게 꼭 알리고 싶은 사항을 기재하여 주시기 바랍니다.

CJ CGV는 그 고객 응대 및 관리, 직원 교육에 이르기까지 전 분야가 고객 지향적인지라 제 관심의 주 대상이었습니다. 타 영화관에 비해 직원들의 응대 태도가 우수한 것은 물론, 멀티플렉스의 배치나 고객 동선, 티켓팅 시스템 등 CGV의 모든 시스템이 고객의 편의라는 가치에 집중된 것을 탐구해보고 싶었으나, 2달이라는 짧은 인턴 기간에 제대로 탐사 취재를 할 수 없었던 점이 후회로 남습니다.

대학 졸업을 1년 앞둔 이 시점에서, 저는 저의 주 관심사인 CGV에서 사업기획 직무를 배워보고 싶습니다. CJ의 고객 지향적인 마인드는 무엇인지, 사업기획 과정에서 고객이 원하는 가치를 어떻게 창출하고, 이를 바탕으로 어떻게 이윤창출을 하는지 현장의 지식과 경험을 배워보고 싶습니다. 또한 인턴 실습의 평가가 좋아서 최종합격한다면, 제 평생을 CJ의 고객가치 극대화를 위해 바치고 싶습니다.

4. 위에 기술한 내용 외에 첨부하고자 하는 내용이 있으시면 아래에 이력서를 첨부하거나 추가하실 내용을 기술하여 주세요.(2000자 이내)

학력

2001. 2. 16 서울 명덕 외국어고교 영어과 졸업

2001. 3. 2 연세대학교 경영학과 입학

경력

2005. 3. 1~현재 부산광역시 자치행정과 시정모니터 활동중

2005. 9. 1~2006. 2. 28 화장품 브랜드 LANCOME 홍보대사

2005. 9. 27~2005. 11. 30 CBS 노컷뉴스 인턴기자

2005. 10. 1~2006. 2. 28 Yahoo! Korea Opinion Leader

2005. 10 주한 캐나다 교육원 유학박람회 프로모터

상훈 및 취득 자격

2002. 5 황사방지를 위한 대학생 방중대표단 (한중미래숲)

2004. 10. 21 경찰의 날 표창

2004. 12. 19 토익 955점

2004. 11. 25 자전거타기운동 개인부문표창(새마을중앙회, 에너지관리공단)

2004. 11. 30 유통관리사 2급 자격증 취득 (대한상공회의소)

2005. 4. 15 스타스위트 마케팅 공모전 입상 (한국 썬마이크로시스템즈)

2005. 5. 23 제 42회 세무사 시험 1차 합격

◎ 푸르덴셜생명

안녕하십니까. 연세대 경영학과 4학년에 재학 중인 이현택이라고 합니다. 푸르덴셜 생명에 대해 알게 된 것은 작년에 있었던 코엑스에서의 사진전을 통해서입니다. 당시 인턴으로 근무하던 친구가 맡기도 해서 가게 되었지만, 푸르덴셜 생명이 단순히 보험업만 하는 것이 아니라 다양한 사회 공헌활동을 하는 기업이라는 것으로 저의 관심은 시작되었고, 오늘 지원서를 내기에 이르렀습니다.

다양한 배경지식을 함양하는 것을 즐기고, 이를 저의 특징으로 삼기 위해 대학 4년 간 다양한 활동을 하기 위해 노력했습니다. 로레알 코리아에서는 랑콤 홍보대사로, 야후 코리아의 오피니언리더로, 부산광역시의 시정모니터로 일했고, 특히 랑콤의 온라인 CF를 제작하여 1000여 명의 투표를 받아 당시 프로모션 이벤트에서 최고의 성과를 내기도 하였습니다.

업무 경험으로는 CBS 노컷뉴스에서 인턴기자로 활동하여, '새 용산 박물관, 국립중앙 수면실(?)' 등의 기사로 네이버, 야후, 다음 등 국내 주요 포털의 주간 톱 기사로 뽑히기도 하였고, CBS에서의 다양한 취재로 인해 인식의 지평을 넓힐 수 있었다고 생각합니다.

그러나 제가 푸르덴셜 생명에 인턴 지원서를 낸 이유와, 또 제가 푸르덴셜에 보여드리고 싶은 저의 특성은 바로 '고객 가치'라고 생각합니다. 군 복무를 대체한 경찰서 민원 상담 업무를 통해 30~50대 어른들을 주로 대하면서 고객들이 생각하는 방식에 대해 깊이 체감할 수 있었습니다. 또한 우수한 민원상담 태도로 경찰의 날 표창을 받았고, 썬마이크로시스템즈의 마케팅 공모전에서 '교육 서비스업을 통한 고객 육성'이라는 주제로 입상하기도 하였습니다. 저는 이러한 저의 고객 응대 마인드와 경험을 토대로 푸르덴셜 생명에서 추구하는 고객가치를 배우고, 고객 지향적인 인재로 거듭나고 싶습니다. 직무와 관련해서는 고객이 원하는 가치에 좀 더 다가선 보험 상품을 기획하는 일을 배우고 싶은 욕심도 있습니다.

저는 CEO를 꿈꾸는 리더, 최고의 기업 푸르덴셜 생명을 이끌 미래의 지도자형 인재는 아닙니다. 그러나 최고의 성과, 최고의 고객가치를 위해 반드시 필요한 '조커'가 될 것이고, 이를 위해 노력해 왔다고 자부합니다. 최고의 기업에서, 최고의 고객가치를 위해, 제 정열을 바치고 싶습니다. 감사합니다.

◎ 농림부 국제농업국

제 눈을 의심했습니다. 스위스 쌍갈렌 대학과 제네바 WTO OMC에서의 모의 WTO를 막 마치고 여행을 하는 중에 농림부의 국제농업국 인턴공고를 보게 되었습니다. 미래의 통상 전문가를 꿈꾸는 학생으로서, 이번 인턴십은 저에게 있어 반드시 잡아야 할 기회라고 생각합니다.

우선, 저는 농업 정책에 대한 관심과 비즈니스적 마인드를 동시에 가지고 있습니다. 2006 모의 WTO에서는 멕시코 팀의 농업위원회 대표를 맡아 시장접근과 보조금정책, Box System 등에 대한 토론을 했고 저희가 만든 공동선언문을 가지고 WTO 법률담당이신 Kennedy 교수님과 토론을 하기도 하였습니다.

또한 저는 제 생각을 보고서로 만드는 것을 좋아합니다. 군 복무 중에 수면시간을 쪼개어 작성한 마케팅 전략 '교육산업을 통한 오피스웨어 사용자 육성 방안'으로 썬 마이크로시스템즈의 공모전에서 입상하였고, 올해 5월에는 제주시 발전을 위한 연구논문 대회에서 '방문수요 창출을 통한 유동인구 극대화 전략'으로 우수상을 받기도 하였습니다.

학문 외적인 분야에서도, 인턴기자 활동으로 '새 용산박물관, 국립중앙 수면실(?)' 등의 기사를 통해 네이버, 다음, 야후, 네이트에 조간 톱기사로 선정되기도 하였으며 다양한 배경지식 함양을 위해 로레알 코리아의 랑콤 홍보대사, 야후코리아의 오피니언리더, 캐나다 교육원의 프로모터 등의 활동을 병행했습니다.

훌륭한 학생은 많지만, 농림부에서 요긴하게 쓰실 인재는 많지 않다고 생각합니다. 저는 아주 뛰어난 학생은 아니나, 농림부 국제농업국에서 쓰시기에 적합한 '감초' 같은 인재라고 생각합니다. 국제 관계의 분석이나 한미FTA의 대민 홍보자료 작성 등 다양한 분야에서 제가 요긴하게 쓰일 수 있다고 생각합니다. 23일 귀국 예정으로 23일 오후에라도 면접을 잡아주신다면 공항에서 바로 가서라도 꼭 면접을 보고 싶고, 반드시 합격하여 농림부에서 제 첫 사회 경험을 시작해보고 싶습니다. 감사합니다.

1. 자기소개

최고는 아니지만 최고의 성과를 위해서는 반드시 필요한 조커, 이현택입니다. 대학 4년간, 해외시장 개척을 위한 다양한 문화적 경험을 갖추기 위해 노력했습니다. 로레알 코리아, 야후 코리아, 부산광역시 자치행정과, CBS 등의 판이한 분야들을 중심으로 경영학도가 지나칠 수 있는 다양성의 함양을 위해 여러가지 활동을 하였습니다.

특별활동에서도 한중미래숲 방중단, 스위스 St. Gallen대학 모의 WTO 등 국제적 감각과 다양성 함양을 위해 노력했습니다. 저는 삼성물산에 지원하는 다른 훌륭한 지원자에 비하면, 능력이나 리더십 면에서 떨어지게 보일 수도 있습니다. 그러나 이미 기존의 패러다임으로 인한 수출이 어느 정도 한계를 보이는 상황에서 기존의 발상을 전환하여 새로운 부가가치 창출을 위해서는 제가 삼성물산의 기업 가치를 위해 필요하다고 감히 말씀드리고 싶습니다.

2. 장점

프로젝트를 시작하면 추진력 있게 실행하는 편입니다. 군 복무 중이던 2005년에는 친구와 함께 밤을 새가면서 한국 썬마이크로시스템즈의 마케팅 기획서를 썼고, 로레알의 CF를 만들 때에도 팀원들과 함께 정열을 불태웠습니다. 저는 이러한 저의 정열과 추진력이 각 사원의 해외영업을 위한 대표화를 추구하는 삼성물산의 특성과 잘 어울린다고 자신합니다.

3. 보완점

참을성이 부족한 편입니다. 너무 의욕만 앞서 꾸준한 정보수집이나 이론정립을 위한 노력이 부족하다고 생각합니다. 따라서 각종 프로젝트를 할 때, 의욕이 앞서더라도 반드시 충분히 관련 서적을 읽어보는 습관을 들이면서 노력하고 있습니다.

4. 지원동기 및 포부

많은 선배들과 진로에 대해 상담할 때, 그들의 한결같은 반응은 최고의 인재가 되기 위해서는 삼성물산에 가라는 대답이었습니다. 저 역시 우리나라의 수출을 이끄는 선봉에 서고 싶고, 평소 안 알려진 여행지를 즐기는 편이라 해외 미 개척시장을 새로운 시장으로 만드는 일에 동참하고 싶습니다. 인턴과정에서는 삼성물산의 다양한 업무 분야에 대해 공부를 하는 데 주안점을 두고, 정사원으로 입사할 수 있다면 해외 영업을 위해 저의 다양한 경험과 정열을 모두 쏟아넣고 싶습니다.

잘나가는 신입사원 20명이 공개하는
자기소개서 잘 쓰는 법

05

스펙은 이렇게 완성된다

_ 체험 수기편

지금까지 기업이 선택하는 자기소개서들이 어떻게 쓰여지고, 그 장단점은 무엇인지 분석해보았다. 이번 장에서는 후배들에게 술 한 잔 걸치면서 전해줄 법한 이야기 주제에 대한 이야기를 담았다.

많은 취업 준비생들이 내가 가고 싶은 길을 먼저 간 선배들의 대학생활은 어떠했으며, 그들이 어떤 경로를 통해 소위 스펙이라는 것을 쌓았는지도 궁금하리라 생각된다.

필자를 비롯한 저자들은 어학연수, 인턴십, 외국계 기업 등 요즘 대학생의 머릿속을 맴도는 키워드를 찾았고 이에 거침없는 이야기를 담았다.

인턴 지원방법, 인턴에서 정직원 되는 법, 유학생으로서 취업하는 법, 어학연수 활용법 등을 객원저자들의 체험기를 통해 알아보자.

인턴, 그 이상의 모습을 보여줘라

객원저자 김아영 씨는 현재 국제금융센터에서 인턴으로 근무 중이다. 취업을 위한 한 단계 담금질로서 인턴에 몰두하고 있는 김 씨의 모습을 지켜보자.

중국통이 되겠다 __김아영(국제금융센터 인턴)

"이번 채용시즌도 거의 마무리되어 가는군요."

'취업 뽀개기'라는 카페 게시판에서 나는 이 한 줄을 보고 만감이 교차했다. 이번에도 결국 이렇게 지나가는 것인가 하는 불안감과 허탈감, 혹은 나 자신에 대한 실망 때문이었을지도 모른다. 어쨌든 다음 채용시즌까지는 약 3개월의 시간이 남았고, 그 시간을 잘 활용하여 다음에는 꼭 취업에 성공하리라 다짐하고 있었다.

경력직을 선호하는 데에는 다 이유가 있는 법이고, 나도 직무경험을 쌓고 자신에 대한 새로운 발견도 해보고 싶어 인턴에 지원하기로 마음먹었다. 소위 말하는 '굵직굵직한' 채용은 아니라 할지라도 앞으로 있을 채용시즌에 임할 때 큰 도움이 될 것 같았기 때문이다.

일반 취업 포털사이트 외에도 난 교내 취업센터 홈페이지를 꼼꼼히 체크한다. 그날도 어김없이 교내 취업센터 홈페이지를 둘러보았고 국제금융센터 상황정보실의 인턴공고를 발견했다. 곧바로 이력서와 자기소개서를 쓰기 시작했다.

자기소개서를 쓸 곳은 국제금융센터. 어문계일 뿐더러 국내경제도 아닌 국제경제에 대해서는 문외한인 나였다. 하지만 복수전공으로 선택한 중국학 과정에서 들은 중국경제에 대한 수업 지식, 오로지 그 끈 하나로만 마구잡이 밀어붙이기식 자기소개서를 쓰기 시작했다. 취업준비를 하면서 배운 점이 있다면 상황에 구애받지 않고 자기를 어필하는 훈련과정과 자신감, 배짱이리라.

상황정보실에 지원했지만 내 이력서를 픽업한 곳은 연구분석실이었다. 연구분석실 중국경제연구파트에서 더 적합하다고 생각했던 모양이다. 마침 국제금융센터에서는 '제1회 중국금융포럼' 개최를 준비중이었고, 전문적인 경제지식이 부족한 결점을 포럼 준비를 통해서 커버할 수 있겠다는 자신감도 생겼다.

국제금융센터는 국내 외환위기 재발 방지를 목적으로 세워진 금융연구센터이다. 자본·환율·상품시장 등 국내외 금융시장에 대한 모니터링과 분석을 통해 정부의 금융 관리 및 국내금융기관에 시의 적절한 정보를 제공함으로써 금융위기 관리능력을 제고시키는 국내 유일의 국제금융 전문분석센터라고 할 수 있다. 특히 미국발 서브프라임모기지 부실 사태, 애그플레이션 등 세계 금융시장의 리스크관리와 분석전망의 중요성이 대두되면서 국제금융센터의 위상과 역할도 높아지고 있다.

나의 주된 업무는 중국경제 연구보조를 비롯한 연구분석팀의 전체 연구보조다. 경제지에서만 보던 골드만삭스, 메릴린치, 베어스턴스, BNP 파리바 등 세계 주요 투자은행에서 리서치보고서를 수집한 후 글로벌경제, 일본경제, 중국경제, 유로경제, 이머징마켓 등 지역별로 나누어 각국 연구팀에 제공한다. 또 매일 아침 세계주요 주가지수, 환율, 상품가격 등의 장중 최저, 최고치를 찾아서 전망자료로 제공하기도 한다. 처음 한 달은 일만 배우기에도 시간이 부족하리만큼 바쁘게 지나갔다. 얼마 전까지만 하더라도 경제이슈는 서브프라임이 다인 줄 알았던 나에게 일본 단칸지수, 역외선물환거래, CDS 프리미엄 등 모니터 옆에 붙여놓은 메모가 셀 수 없을 정도였다.

지난 3월에는 처음으로 '중국금융포럼'을 열었는데 포럼 기획 업무를 해볼 좋은 기회였다. 포럼 회원 섭외부터 주제선정, 발표자 섭외까지 업무 로드는 많았지만 주제를 막론하여 국내외 여러 포럼을 벤치마킹해 연구하면서 '일하는 법'을 배운 것 같다. 9월에는 글로벌중국금융포럼으로 개최할 예정이다. 중국 금융시장에 대한 토론으로, 국내뿐만 아니라 중국 경제지 등을 보며 금융시장의 새로운 이슈를 찾고, 주제를 선정한 후 발표자를 섭외한다. 특히 중국 경제계 인사를 섭외할 예정이라 벌써부터 준비에 분주하지만 중국과 직접 컨택하며 일을 준비하는 과정이 즐겁기만 하다.

　학점, 토익점수, 봉사활동, 인턴경험. 취업 준비생들끼리 흔히 말하는 취업 4종 세트이다. 하지만 이번 인턴경험을 통해 느낀 점이 있다면 인턴경험이 취업 4종 세트에 같이 묶여서 팔리기엔 그 가치가 과소평가되고 있다는 것이다. 어서 취업해서 남들처럼 연봉계약을 해야 한다는 조급한 마음을 갖기 전에 내가 잘할 수 있는 일은 무엇이고, 더 보완해야 할 점은 무엇이며, 사회생활이 어떤 것인지 직접 경험해 보면 성공적인 취업의 길을 스스로 발견할 수 있을 것이다. 덧붙여, 이제 막 학사를 졸업한 아무것도 모르는 사회 초년병이지만 뭐든지 해보겠다는 열정, 혹은 모르면 배운다는 무식함과 용기를 갖을 때 이미 가능성은 충분하며 '인턴한테 뭘 바라겠냐'는 생각보다 '인턴이지만 그 이상의 모습을 보여주겠다'는 성실함이 제일 필요한 것 같다. 가능성은 내가 하는 만큼 열린다. 인턴을 지원할 때도, 지금도 이 생각에는 변함이 없다.

　신문사 인턴기자는 단순히 언론인 준비생만을 위한 장이 아니다. 신문사에서도 단지 언론인 준비생의 등용문으로 쓰는 것에서 벗어나 자사의 비전을 다양한 분야의 대학생들에게 공유하는 장으로 이용하기까지 한다. 신문사 인턴을 수료한 이신영 씨의 이야기를 들어보자.

신문사에서 얻은 COP __이신영(한동대 4년)

1. Why?
"기업에 가고 싶으면 신문사를 겪어라"

　2달간의 인턴기자를 마친 저는 후배들에게 이 말을 꼭 합니다. 언론사 지망생뿐만 아니라 사회 각 분야에 진출하고 싶은 학생들이 저마다의 시각을 함양할 수 있는 좋은 기회이기 때문입니다.

Egoist(개인주의자)인 제 생활 방식을 바꿔준 것은 단 2달간의 조선일보 인턴기자 생활이었습니다. 대학 3년간 저는 불도저였습니다. 일하는 것을 좋아하지만, 남의 말을 경청하지 못해 범하는 오류가 많았습니다. 혼자 '아등바등' 댄 셈이지요. 그런 제게 세상이 어떤 것인지를 알려준 기회는 바로 조선일보 인턴기자 경험입니다.

제게 부족했던 점은 COP(Creativity, Organization, Person)였습니다. 창의성도 없고, 조직에 대한 소양도 없고, 게다가 사람을 대하는 법도 몰랐던 '0점짜리 인재'였지요. 그러나 인턴기자를 수료하면서 저는 COP를 함양했습니다.

2. Creativity

"내일까지 아이템 30개 준비해라"

조선일보 기획취재부 인턴으로 배치받자마자 제가 처음으로 들은 말입니다. 단순한 사건성 기사를 재빨리 전달하는 기존의 사회부와는 달리 이곳에서 제작하는 섹션의 이름과 모토는 'Why?'였습니다. 일반 사실관계에 대해 왜 그런가를 심층취재해서 평소 궁금증을 품어온 국민의 갈증을 풀어주는 섹션이었습니다. 그렇다 보니 "국민이 무엇을 궁금해하는가? 어떤 참신함을 원하는가?"를 놓고 치열하게 고민할 수 있습니다. 인턴으로 출근한 첫 금요일. 아이템 회의가 1시간 남은 상황이었습니다. 어색한 분위기지만, 선배기자는 제게 "1시간 줄 테니, 아이템 5개 찾아"라고 했습니다. 당시 저는 "동대문 시장 24시 취재" "최요삼 선수의 죽음, 왜?" "골프선수 한 명 만드는 데 10억?"이라는 주제를 내놓은 것으로 기억합니다. 하지만 돌아온 답변은 "킬"(아이템이 잘리면 쓰는 용어)이었습니다. 동대문 시장 취재는 활기차지만 사회적 메시지가 없고, 최요삼 선수의 죽음은 전문가가 판단해야 되고, 또 골프선수 돈 많이 들어가는 건 초등학생도 안다는 게 부장님의 답변이었습니다. 회의가 끝난 뒤 한 선배기자는 제게 회사에 있던 종합일간지 7~8개와 스포츠지 2개를 던져주었습니다. "보고 연구하라"였습니다. 보통 아이템이 결정되지 못하면 그 다음 회의까지 자체 아이템 회의를 하며 시간을 보내야 합니다. 시쳇말로 '눈치밥'을 먹어야 하는 것이지요.

　WHY에선 1주일에 기사를 1~2개 쓰고 나머지 시간을 아이템 만들기에 주력합니다. 인턴 막내로 들어오게 되면, 우선 'Why?' 섹션의 지면배치와 구성력을 연구해야 살아남습니다. 보통 신문에 큰 고민을 하지 않았다면, 이 경험으로 신문에 대해 깊게 생각하게 됩니다. 1면에는 인물 인터뷰, 2면과 3면에는 일반 시사 현상의 궁금증 해소, 5, 6면은 통판으로 '이것이 궁금하다'라는 제하의 체험르포를 싣습니다. 얇은 섹션이지만 정치, 사회, 역사, 문화, 연예로 세세하게 나눠져 신문 메커니즘과 창의성을 단번에 보여줍니다. 인턴으로 들어오면 시중의 종합일간지 10개와 인터넷 매체 10곳, 주간지, 베스트셀러를 모두 섭렵하는 '부지런함'을 키울 수 있습니다. 그 '부지런함' 속에서 창조적인 아이템이 생기는 것이지요. 텍스트 속에 색다른 사실관계가 드러나면 바로 첫 단계로 인터넷 검색을 통해 기사화 여부를 알아내야 했습니다. 또 포털 블로그/자유게시판을 조사, 사람들의 궁금증이 무엇인지 조사하는 방법은 두 번째 과제였습니다. 그래야만 아이템마다 제목을 잡고, 한 문단에 기획의도/수요대상/수요층의 반응/사회적 메시지 등 4개 정도 항목을 엮어 아이템 기획안을 여러 개 짜볼 수 있었습니다. 6주 동안 대개 15번의 회의를 거치는데, 기획회의를 거듭할수록 창의력과 기획력이 늘어났습니다. 저 같은 경우 '대리운전 체험르포' '막장과 카지노 동시체험' 등 평소 생각지도 못한 주제를 제시해 아이템으로 선정됐습니다. 보통 30개의 아이템을 제시하면 대부분 킬되고, 2~3개가 살아남습니다. 하지만 이게 전부가 아닙니다. 살아남은 2~3개의 아이템도 기삿거리가 되는지 또 조사해야 합니다. 즉 인턴기자가 30개의 아이템을 회의에 준비해 가면, 1개라도 취재거리를 건지면 그야말로 '월척'인 셈입니다. 그 정도의 창의성과 철저한 사전조사능력을 이곳에서 키울 수 있습니다.

　이처럼 아이템 회의는 조선일보 인턴기자의 특혜입니다. 순발력이 전부인 줄로만 알았던 창의적 능력을 처음부터 끝까지 새로 배웁니다. 구체적으로는 수요층에 대한 조사, 사회적 메시지 발견과 부단한 연구능력은 물론, 인내심도 기릅니다. 어찌 보면 짧을 수 있는 인턴기간이지만 제게는 평생 얻기 어려운 창의성을 체득한 좋은 시간이었습니다.

3. Organization

"일은 자유롭지만 완벽하게 해라"

멘토 일선기자가 매일같이 해준 조언입니다. 사실 인턴이란 존재는 일에 적응하지 못한 채 허송세월하기 쉬운 위치입니다. 하지만 조선일보 인턴은 절대 놀 수 없습니다. 인턴을 관리하는 멘토가 존재하기 때문입니다. 멘토는 보통 일선기자가 담당합니다. 경험도 어느 정도 쌓였고, 사람도 잘 다루면서 취재경험이 풍부한 기자가 멘토입니다. 멘토는 인턴을 가르치고 일의 방향을 제시합니다, 그렇지만 절대 속박하거나 강요하지 않습니다. 자유로운 분위기를 가르치되, 일에선 완벽함이 묻어날 수 있게끔 지도합니다. 즉 조선일보 인턴의 장점은, 현직기자와 똑같이 자기계획에 따라 실무에 바로 투입되되 멘토에게 상황을 보고하는 피드백 시스템에 있습니다. 외부에서 취재할 때면 오전, 오후, 저녁 시간에 멘토에게 취재경과를 보고합니다. 절대 이론을 앉아서 배우지 않습니다. 무조건 현장에서 부딪히며 선배의 조언에 따라 움직입니다. 이러한 멘토시스템은 사실 신문사 조직의 매력입니다. 일반 수습기자가 겪는 과정을 인턴기자가 똑같이 배우는 것입니다. 신문사 조직의 정신인 'Soft but Solid'(부드럽지만 견고하다)를 6주에 걸쳐 함양합니다. 그러다 보면 자연스럽게 조직에 융화돼 부드러움과 책임감이 동시에 높아지게 됩니다.

1주일에 한번 있는 회식 때마다 선배기자들은 사람 챙기기 바쁩니다. 그들은 하나같이 고민을 한자리에서 모두 털어놓았습니다. 서로는 서로에 귀를 기울였지요. 저 또한 취재과정에서의 말 못할 걱정을 모두 말했고, 피드백을 받아냈습니다. 또 용기를 내 먼저 물어보고, 대화를 꺼내야 귀도 열린다는 점을 뼛속 깊이 새겼습니다. 조직문화가 기반이 되면 탄탄한 기획력Organizing은 자연스럽게 따라옵니다. 기획의도 → 취재 → 기사구조 짜기 → 기사작성의 일련의 과정에서 선배의 조언은 부족한 빈틈을 이어주는 접착제 역할을 합니다.

이처럼 신문사 조직은 지극히 개인적인 제게 조직이란 무엇인지, 조직

속에서 구성원의 역할은 무엇인지에 대해 고민할 수 있는 계기가 되었습니다. 또 조직문화를 익히면 업무에도 빨리 융화된 사실도 피부로 느낄 수 있습니다. 기업조직이 마냥 무섭고 가까이하기 어렵게만 느껴진다면, 신문사 조직은 높기만 한 두려움의 벽을 무너뜨릴 좋은 기회입니다.

4. Person

"하루에도 20명을 취재하고 자정까지 취재원과 만나다"

뭐니 뭐니 해도 인턴기자 경험은 인간관계에 있습니다. 신문사 취재과정은 사람 다루는 법을 가르칩니다. 취재비화를 알려드립니다. 3주차에 곰신(고무신의 약자. 남자친구를 군대에 보낸 여자친구)에 대한 기획기사 취재를 위해 저는 '곰신 카페' 회원들을 취재했습니다. 남자친구와 생이별(?)한 그들은 사연이 많았습니다. "21살이지만 벌써 아기가 2명이다" "16살이지만 28살 병장 남자친구가 있다" 등 할 말이 많은 그들과 저는 하루에도 전화로 20명 이상을 취재해야 했습니다. 모르는 사람과의 대화가 재밌어집니다. 경험이 쌓이니 곰신들에게 "요즘 날씨 뒤숭숭하죠?", "아기 분유 값이 올랐더군요", "요즘에 누가 군인에게 초코파이를 선물해요?"와 같은 재밌고도 부드러운 멘트를 던지는 내공(?)마저 쌓이게 됩니다.

이처럼 조선일보 인턴기자를 통해 인간관계를 키우고 소통방법, 심지어는 '믿음'을 체감합니다. 특히 모르는 사람과 친근해지는 법, 설득하는 요령과 같은 '기업 밀착형' 생리를 체득하는 과정에서 믿음을 얻습니다. 무작정 정보를 얻으려고 들이대기보다 내가 먼저 신뢰를 보내야 무엇인가 되돌아온다는 점이 그것입니다. 이러다 보면 수첩이 금방 까매집니다. 최소 3~40명의 취재원과 나눈 진솔한 이야기를 적어야 하기 때문이지요.

인턴기자 활동을 통해 사람 만나는 원칙을 세울 수도 있습니다. 저 같은 경우 세 가지 방법을 고수했습니다. "나는 조선일보 인턴기자"라는 자신감, "부드러운 멘트로 시작하라"는 자연스러운 접근, "취재원의 이야기를 듣고 공감하라"는 경청의 자세였습니다. 이런 계획에 충실해 왕년의 복싱스타 박종팔 선수를 만나 실패를 딛고 인생의 3라운드를 시작한 그와 자정이 넘도록 소주를 마셨고, 삼풍백화점 붕괴사고 현장에 먼저 출동한 119 구조대원과 3시간이 넘도록 당시 사고현장을 소회했습니다.

사실 직접 만나야 알짜배기 정보를 얻는 대상이 취재원입니다. 전화로는 한계가 있습니다. 그렇다 보니 인턴으로서 발품 팔며 취재원을 만나는 것은 기본입니다. 저 같은 경우 광화문에서 분당으로 분당에서 부천으로 돌아다니며 취재원을 하루 종일 만난 적도 있습니다. 소위 '발품 파는' 기자업무는 기업에서의 기동력과 순발력을 살려줄 좋은 경험이 될 겁니다.

이처럼 신문사 인턴은 기업업무의 기본인 인간관계와 기동력을 동시에 일깨워 주는 '일석이조' 효과를 톡톡히 선사합니다.

5. 신문사 인턴, 당장 지원하라!

저는 조선일보에서 배운 COP(Creativity, Organization, Person)를 얻었습니다. 기업에 진출할 여러분에게도 신문사 인턴은 세상의 다양한 면을 보는 눈, 조직에 대한 고민, 인간에 대한 믿음을 함양하는 기회가 될 수 있으리라 확신합니다.

객원저자 한진수 씨는 현재 CJ프레시웨이 유통부문에서 근무 중이다. 중국에서 가이드를 하는 등 다양한 경력으로 인턴십 당시 다른 계열사 인턴들에게까지 관심을 받기도 한 한진수 씨의 인턴 경험기를 보자.

난 지금도 즐기고 있다 _ 한진수(CJ 프레시웨이)

의. 식. 주.

어린 시절부터 난 인간의 가장 기본적이고 필요한 것들에 대한 관심이 많았다. 먹고 입고 잠자는 일의 중요성은 주머니에 들어가는 기기 하나로 모든 것이 해결되는 이 시대에도 단연 우선시되고 있기 때문에 업종의 지속력이 무척 높다고 생각했기 때문이다.

그래서 나는 대학 입학 이전 의류 유통업을 경험해본 적이 있는데, 단순히 의류에 대한 20대 초반 젊은이의 호기심이 아닌 의류 유통에 대한 개인적인 목표를 세우고 달려들었던 것 같다.

'의'를 접해봐서일까, 대학에 입학을 한 후에는 기본요소 중 하나인 '식'을 경험해보고 싶다는 생각이 들었다. 그중에서도 잘나가는 기업에서 '식'을 경험해보겠다는 생각이 들었다. 그것이 CJ를 생각한 계기다.

지원에 앞서 계열사부터 정해야 했다. 식품 개발이나 연구를 하는 전공을 하지는 않았기에 유통의 본질에 충실한 식품유통산업에 눈을 돌렸고, CJ프레시웨이(구, CJ푸드시스템)에 지원하였다.

서류전형, 인적성, 업무능력 평가, TEST, 임원면접, 역량면접으로 이루어지는 2달 반의 기나긴 전형일정이었지만, 4학년 1학기라는 시간적 특성상 조금은 여유를 가지고 준비할 수 있었다.

특히 다른 CJ 계열사에 지원한 친구와 정기적으로 맞춤 CJ 면접 스터디를 준비하였고, 조금은 일반 대학생들과 다른 대학 입학 전의 의류 유통업이나 해외 가이드 일의 경험 등이 나름 면접에도 많은 도움이 되었다.

60일간의 인턴생활 동안 다양한 업무를 직,간접적으로 경험해보면서 식품 유통에 대한 개인적인 비전이 계속 높아져 갔고, 하루하루 즐겁게 업무를 배우면서 기간을 마쳤다.

업무에 대한 애정을 많이 가져서인지 인턴 직후 최종합격까지 하게 되었고 4학년 2학기에 다른 회사들도 몇 군데 합격하였지만, 마음속으로 이미 CJ프레시웨이에 입사한 상태였다.

기업으로 보나 지원자 개개인으로 보나 인턴제도는 무척이나 많은 장점을 가지고 있다. 회사 입장에서는 합격자에 대해서 한 번 더 검증할 수 있고, 학생들에게는 대학 생활을 하면서 자신이 궁금한 분야의 업무를 미리 경험해볼 수 있는 기회가 된다.

최근에는 인턴이라는 것이 자신의 이력서에 한 줄 추가하는 정도의 스펙의 하나로 인식 되는 경향이 있는데, 최근 어려운 취업난을 반영하는 것 같아 조금은 아쉬운 생각도 든다.

인턴에서 정직원 되기

교직원으로 근무 중인 객원저자 변용휘 씨의 이야기를 들어본다. 변 씨는 2006년 여름 CJ CGV 인사팀 인턴으로 근무한 뒤 인턴을 대상으로 한 채용에 최종 합격해 2007년 10월까지 근무했으나, 현재는 가톨릭대 성모병원 인사팀으로 이직해 인사를 담당하고 있다.

벌써 4학년? 아니, 아직 4학년! _변용휘(가톨릭대 성모병원 인사팀)

반갑습니다. 변용휘라고 합니다. 저는 CGV 인사팀에서 인턴, 정사원으로 1년 가량 근무하고 현재는 교직원으로 인사 업무를 담당하고 있습니다. 후배들에게 도움이 되고자 하는 생각에 짧은 문장력이지만 제 노하우를 전해보고자 합니다.

2006년 3월. 제가 군 제대 후 복학한 시점입니다. 벌써 4학년 1학기. 사실 믿을 것은 나이밖에 없었습니다. 군 입대 전후로 휴학을 한 적이 한 번도 없어 '만23세 남자 4학년'이라는 게 유일한 타이틀이었죠. 취업에 대한 개념 자체도 없었고, 토익점수는 대부분 대기업의 지원 기준인 700점을 간신히 넘는 수준이었습니다. 이력서 속 자격증 란에는 '운전면허 1종'만 쓸 정도였고요.

취업은 불가능해 보였습니다. 영어, 학점, 대외 활동 모두에서 부족했던 제게 선배들은 '네 실력으로는 어림도 없으니 어학연수부터 다녀오면서 차근차근 준비하라'는 조언을 해주기도 했지요.

그러던 제 인생을 바꾼 것은 CJ그룹의 대졸 인턴십 공고였습니다. 4학년 1학기 학생을 대상으로 하는 프로그램이고, 향후 취업도 된다니 해볼 만한 경쟁이라고 생각했습니다. 또 뽑히면 심사를 거쳐 정직원이 될 수도 있고, 되지 않아도 인턴 경력은 남으니, 남는 장사 아닌가요.

저의 비법(?)은 '보름간 자기소개서 쓰기'였습니다. 부족한 실력을 커버할 방법은 자기소개서밖에 없다는 생각에 보름간 식음을 전폐하고 자기소개서에 매달렸습니다. 처음에는 눈에 띄고 차별화되는 키워드로 중무장(?)된 자기소개서를 써보았습니다. 그러나 인사팀에 지원하는 인턴으로서, 차별화보다는 오히려 기본기에 충실하고 신뢰를 주는 자기소개서가 더 좋을 것이라는 생각이 들었습니다. 깨달음을 얻고 나니 마감 전날. 간신히 마무리를 해 입사원서를 넣었습니다.

인적성 검사와 임원면접도 역시 가벼운 마음으로 보았습니다. 욕심을 부리지 말자, 정도대로 행동하자는 생각을 명심하고 가볍게 임했습니다. 1시간 동안 1가지 주제에 대해 토론하는 공포의 역량면접에서도 저는 할 말을 다 하고 나왔습니다. 운 좋게 합격도 했고요. 아마 어린 나이지만 지원한 기업에 높은 관심을 갖고 패기와 자신감이 있다는 점이 어필하지 않았나 싶네요.

면접에서는 정말 사소한 경험도 어떻게 전달하느냐에 따라 본인의 역량이나 장점을 부각시킬 수 있다는 생각이 듭니다. 학교에서 팀 프로젝트를 성공적으로 수행한 과정이나 동아리의 행사 준비 등이 되겠죠.

인턴십이라는 제도는 참 똑똑한 시스템입니다. 6주 동안(몇몇 회사는 2달) 지망 기업의 지망 부서에서 근무 경험을 해보고 실제로 어떤 업무를 하는지, 해당 직무 수행을 위해 내가 갖춰야 할 역량은 무엇인지에 대해 여실히 파악할 수 있는 좋은 기회입니다. 물론 기업도 개인을 파악하고 평가할 수 있지만, 신입사원이 되고자 하는 개인도 기업을 평가할 수 있으니까요. 또 대학생으로는 쉽게 겪기 어려운 사회생활을 미리 체험할 수도 있습니다. 말로만 듣던 눈칫밥이라던가… (웃음)

제게는 평생 3번의 기회 중 1번이 찾아온 것과 같은 인턴십이었기에, 열심히 할 수밖에 없었습니다. 3번의 프로젝트가 주어졌는데요, 대학에서의 팀플과는 차원이 다른 수준이었습니다. 구체성이나 성과주의 평가 모두에 있어 겁날 정도였죠. 역시 같은 방식으로 '가볍게, 그러나 패기 있게' 임했습니다. 제가 속했던 CJ CGV팀은 그룹 인턴십 전체에서 최우수상을 받았고 부상으로 CJ 중국법인을 견학했습니다. 인턴십뿐만 아니라 정직원으로 최종합격 후 5주간에 걸쳐 진행되는 신입사원 입문 교육에서도 수많은 프로젝트를 고민했던 기억이 생생합니다. 참 힘들긴 했지만,

동기들과 부대끼는 즐거움은 이루 말할 수 없죠.

짧은 기간이지만 저는 단 6주간의 인턴십을 통해 대학 3년 반의 공부보다 많은 성장을 했습니다. 물론 대학 때 공부한 바탕이 있어 가능했겠지만, 인턴십에서 주어지는 과제 하나하나, 업무 한두 건이 제게는 게임의 스테이지 같았습니다.

늦었다고 생각하는 4학년 여러분께 말씀드리고 싶습니다. 운전면허증 하나 달랑 들고 있던 저도 인턴십과 신입사원을 거쳐, 이직까지 했습니다. 여러분도 충분히 할 수 있습니다. 원대한 포부로 포장하려 하지 말고 있는 그대로, 정직한 승부를 해보십시오. 답은 의외로 빨리 찾아옵니다.

한국 IBM에서 근무 중인 객원저자 이정운 씨의 합격 수기를 공개한다. 이 씨는 2006년 여름 한국 IBM 인턴십을 거쳐 하반기 공채에 합격했다.

외국계 공채 당당히 합격하기 __이정운(한국 IBM)

우선 잘난 것도 많지 않은 제게 이런 수기를 쓸 수 있는 기회가 주어졌다는 것이 믿어지지 않습니다. 그래도 취업했다고 자랑하고자 이 글을 쓰는 것이 아니라 어떻게 취업을 하게 되었고, 제가 걸어온 간략한 길에 대한 글이 취업을 준비하는 누군가에게 미약하나마 도움이라도 되면 좋겠다는 생각에 부끄럽지만 취업수기를 쓰고자 합니다.

① 기회는 언제든지 찾아올 수 있다.
② 열매는 준비된 자만이 수확할 수 있다.
③ 누구나 다 천재가 될 수는 없지만 누구나 다 노력할 수 있다.

가끔 한 번쯤 '외국계에 입사했으면 좋겠다', 아니 그보다는 '어디든

제대로 졸업 전에 취업해서 부끄럽지 않은 선배가 되었으면 좋겠다' 는 생각을 가진 채 그저 남들과 동일한 4학년 생활을 하던 여름이었습니다. 학교 홈페이지에서 한 외국계 기업의 인턴을 뽑는다는 공지를 보았습니다. 그리고 아무 기대 없이 원서를 내고 기다리는 중 서류에 통과되었다고 면접을 보러 오라는 전화를 받게 되었습니다.

처음에는 아직 준비도 못한 저에게 너무나 큰 기쁨이긴 하였지만, 막상 면접이라는 것을 처음 보게 되었으니 어떤 것을 해야 할지 갈피를 잡지 못했습니다. 이렇게 쉽게 기회가 올 수 있을지 몰랐고, 막상 그 기회를 어떻게 해야 잡을 수 있는지 잘 알지 못했습니다.

그러나 주어진 기회를 놓칠 수는 없었습니다. 도서관에서 면접 관련 책도 빌리고 주변에 아는 사람들에게 도움을 요청하여 팁도 얻었지만, 허겁지겁 시작한 준비는 부족했고 낙방을 예상했습니다. 그러나 의외로 인턴에 합격하게 되었고, 기왕에 합격한 만큼 공채까지 노려보자는 생각을 했습니다. 인턴을 하는 2달간 저는 끝없이 달렸습니다. 함께 인턴을 한 훌륭한 친구들의 모습에 부러워할 여유도 없었습니다. 그로부터 6개월 뒤, 저는 한국 IBM의 사원으로 일하고 있습니다.

인턴 면접 때 허둥지둥한 덕분인지, 저는 인턴을 시작한 첫날부터 공채 지원을 준비했습니다. 매주 인턴들에게 IBM의 기업 가치를 전하는 수업 시간 1분 1초는 물론, 매 근무시간을 최대한 활용해 저의 가치를 선배들에게 각인시키고자 노력했습니다.

인턴 기간 동안 가장 중점을 둔 점은 제 자신을 알리는 것과 회사의 업무 프로세스를 익히는 일이었습니다. 먼저 입사한 선배들에게 공채에 대한 정확한 프로세스와 어떤 식으로 준비했는지 자료를 많이 얻었고, 누구보다 많은 사람에게 제 이름을 알리기 위해 노력했습니다. 인턴이라는 딱지보다 제 이름 세 글자를 기억시키기 위해 업무든 술자리든 열심히 하는 모습을 보였습니다.

인사를 한 번 하더라도 제 자신을 알리려고 노력했습니다. "안녕하세요 어디어디 인턴 하는 O, O, O 라고 합니다. 기억해 주세요. 앞으로 공채에서 붙어서 계속 얼굴 뵙고 싶습니다. O, O, O 입니다." 하루에 20번이 30번이고 새롭게 본 사람들이 있으면 먼저 웃으면서 다가가서 인사하고 또 제 이름을 알리게 되니 2달 후에는 저희 관련 부서의 많은 사람들이 이름을 거의 다 기억할 수 있는 상황이 만들어졌습니다.

또 단순히 주어진 일만 하면서 회사의 프로세스만 따라서 인턴을 '수료'하는 것이 아니라 저녁이나 주말 남은 시간 동안 회사를 위해서 어떤 일을 더 할 수 있을까 생각해서 인턴들끼리 프로젝트를 진행하여 보여줄 수 있는 모든 모습을 보여주기 위해서 노력했습니다. 다행히 인턴 프로그램 개선방안 프로젝트가 마지막 시간에 전체적으로 발표되고, 결국 그 자료가 임원진에까지 보고가 되는 좋은 결과가 나왔습니다.

이렇게 2달의 기간 동안 많은 분들 뵙고 회사에 대한 많은 이해를 통해서 어느 준비를 했다는 느낌이 들기도 전에 인턴은 아쉽게도 끝났습니다. 저는 본격적으로 공채 각 단계의 준비를 시작했습니다.

한국 IBM은 서류 전형, 적성검사, 면접의 3단계를 거칩니다. 면접은 외국어 면접, 집단 면접, 임원 면접입니다. 저는 인턴을 수료해 서류 전형에 있어 가점을 받았습니다.

외국계라 적성검사가 영어로 나오기 때문에 해당 문제에 대한 기출문제 관련 책을 사고 인터넷에서 자료를 찾아 학교를 왔다갔다하는 지하철에서 시간이 날 때마다 계속해서 풀었습니다. 한글로는 쉬운 문제지만 영어로 나오기 때문에 어떻게 풀어야 할지 감을 찾을 수 없었습니다. 따라서 적성검사 2달 가량 계속 기출 문제를 풀면서 감을 길렀습니다.

면접을 위해서는 인턴을 같이 했던 동기들과 스터디 그룹을 조직해 면접을 준비했습니다. 사전에 회사에 대한 정보를 뽑아서 공유하고 각자 면접관 또는 면접 보는 사람이 되어서 모의 테스트도 해보고, 이후 서로에 대해 평가하면서 내가 어떤 점이 모자라고 어떤 것을 더 공부하고 준비해야 하는지 알 수 있는 기회를 만들었습니다. 모의면접 때는 스터디원들과 압박면접을 하는 등 가능한 모든 케이스를 많이 연습했습니다.

영어면접을 위해서는 학교에서 영어와 관련 있거나 영어로 된 수업을 많이 들었고, 영어스터디를 조직해 주제별 토론 연습을 했습니다. 시간을 재면서 토론한 덕분에 영어 인터뷰에서도 당황하지 않도록 답변할 수 있는 방법을 준비했습니다.

　이처럼 미리미리 공채 준비를 한 덕분에 저는 당당하게 원하는 회사의 합격자 명단에 제 이름을 올릴 수 있었습니다. 제가 처음부터 남들보다 공부도 잘하고 똑똑하지는 못했지만 기회는 언제든 오고 그 기회는 준비하는 자만이 얻을 수 있다는 생각에 열심히, 그리고 하나하나 부지런히 준비해서 좋은 결과를 얻을 수 있었다고 생각합니다. 세상에 천재는 얼마 없지만 누구나 노력할 수 있고, 그러다 보면 그 천재보다 더 나은 결과를 얻을 수 있다고 생각합니다. 지금 늦지 않았습니다. 혹시, 생각하고 있다면 지금 해보는 건 어떨까요

해외 유학생, 어떻게 취업하나?

　유학은 더 이상 특별한 일이 아니다. 지금도 수천 명의 학생들이 유학을 떠나고 있다. 민족사관고, 대원외고 등의 유학반은 물론이고, 유학학원에도 학생들의 발걸음이 끊이지 않고 있다. 그러나 상당수의 유학생들은 졸업 후 진로에 대해 불안감을 떨치지 못하는 경우가 많다. 미국 조지워싱턴대를 졸업하고 현재 삼성전자 미국 판매법인에서 근무 중인 김은교 씨의 이야기를 들어보자.

순간 순간을 알차게 _김은교(삼성전자 미국 판매법인 STA)

1. 나의 대학생활

　철없던 신입생 시절, 취업은 그저 먼 나라 이야기에 불과했습니다. 학교생활에 적응하고 2학년이 돼서는 오직 전공을 무엇으로 정하느냐가 고민이었습니다. 3학년에 전공을 반드시 정해야 한다는 강박감에 시달릴

즈음 한 선배의 이야기를 전해 들었습니다. 그 선배는 방학 때면 늘 빡빡한 일정으로 하루하루를 꽉꽉 채워가며 인턴십을 한다는 것이었습니다. 학기 중에는 수업에, 방학 때는 인턴십에 코피까지 쏟아가며 지낸다는 그 선배의 열정적인 이야기는 전공 선택에만 매달리던 저에게 하나의 신선한 충격이었습니다.

그러저러한 연유로 인턴십에 관한 한 저는 동기들에 비해 비교적 빨리 관심을 가지게 됐습니다. 첫 번째 인턴십은 1학년 겨울 방학부터 시작됐습니다. 서툴지만 최선을 다해 이력서를 준비해 뱅크 오브 뉴욕Bank of New York, Seoul branch에 인턴을 신청했습니다. 운 좋게도 그곳 무역 Trade Services 부서에서 한 달간 인턴십을 하게 됐습니다. 저는 방학이면 한국에 나가 서울에서 주로 인턴십을 하면서 미국에서는 경험하기 어려운 한국의 기업문화나 인맥을 넓힐 수 있는 기회를 가졌습니다. 첫 인턴십을 생각하면 지금도 얼굴이 달아오릅니다. 그 당시 아무것도 모르고 했던 행동이나 생각들이 이제 와서 새삼스럽게 저를 부끄럽게 합니다. 첫날 청바지를 입고 출근해 젊은 여 선배한테서 들은 말이 또렷이 남아 있습니다. 저를 아래위로 한번 휙 훑어보고 "인턴은 인턴인가 보네" 라면서 차갑게 대하시는데 만만치 않은 한 달이 되겠구나 싶었습니다. 하지만 대개 처음에 쌀쌀맞았던 사람이 오히려 나중엔 그 반대가 될 수도 있나 봅니다. 날씨가 추운 날 따뜻한 코코아 한 잔 타다 주면서 피곤할 텐데 마시고 일하라던 사람이 바로 그 선배였습니다. 이 같은 인턴십 경험으로 인해 책에서 배우기 힘든 직장 생활의 여러 면모를 배울 수 있었습니다.

그렇게 대학 생활의 반이 흘러가다 보니 1, 2학년 때 크게 신경 쓰지 않았던 학점은 보통 수준을 벗어나지 못했습니다. 2학년 2학기가 돼서야 그 심각성을 깨닫고 학기 중에는 학점에 올인하기로 했습니다. 2학년 2학기 말에 국제경영학을 전공으로 택하면서부터 제 인생에서 쉼표란 사라졌습니다. 언젠가 모르게 1년 전 전해 들었던 그 선배의 모습을 닮아 가고 있었습니다. 3학년이 시작하기 전 여름방학에는 계절학기와 ING Bank 인턴십을 병행했습니다. 한국에서 시차를 극복하면서 미국의 온라인 수업을 듣고, 마감에 맞춰 과제를 제출하며, 온라인으로 시험을 보고

출퇴근을 한다는 것은 생각같이 만만한 일이 아니었습니다.

특히 기간이 짧은 겨울 방학 동안에 인턴십을 하기 위해 학기말 고사일정을 무리하게 일주일씩 당겨 비행기에서 내린 지 24시간도 채 안 된 상태에서 곧바로 출근을 하기도 했습니다. 시차적응과 같은 한가한 투정을 부릴 시간은 당시 없었습니다. 더구나 골드만 삭스Goldman Sachs, Seoul branch에서 겨울 인턴십 프로그램은 그 절차가 더욱 까다로웠습니다. 미국 대학 도서관에서 당겨진 시험일정 때문에 밤새 공부를 하다 말고 한국에서 온 국제전화를 받고 컴퓨터실로 황급히 내려가서 필요한 서류를 보충해서 서류 마감 시간 전에 서울로 보내느라 혼비백산하기도 했습니다.

저는 대학교 1학년부터 여름방학마다 계절 학기를 두 과목 이상 꾸준히 수강해 조기졸업을 계획하고 있었습니다. 졸업을 앞둔 마지막 여름방학에도 조기졸업을 위해 계절 학기를 3개씩이나 듣고 한국을 가야 했습니다. 졸업하기 전에 이제까지 했던 금융권 위주의 인턴십과는 조금 다른 곳에서 경험을 갖고자 하는 생각도 가지고 있었는데, 인터넷에서 중앙일보 인턴기자 모집을 발견했습니다. 이제까지는 전화인터뷰가 가능한 곳만을 지원했었는데 이번엔 다행히 별다른 인터뷰 없이 자기소개서, 기사 한 건, 취재 계획서가 있으면 응모가 가능했습니다. 아버지의 영향을 받아 기자를 꿈꿔봤던 어린 시절을 가지고 있는 제게 끌리는 인턴십이 아닐 수 없었습니다. 하지만 제가 해왔던 인턴십과의 일관성을 저버리지 않기 위해서 중앙일보에 들어가서는 경제부를 지망했습니다. 이는 제게 더할 나위 없이 많은 것을 가져다 주었습니다. 여러 경제 관련 출입처를 통해 금융권 인턴십보다도 더 많은 것을 배울 수 있었습니다.

졸업을 앞두고 아쉬운 것이 있었다면 더 다양한 분야에서 인턴십을 가져보지 못한 점입니다. 물론 저는 금융권으로 가고 싶었기 때문에 금융 관련 분야를 추구하고자 했던 생각이 늘 자리잡고 있었습니다. 그러나 대학을 졸업하면 더 이상 그런 기회는 주어지지 않을 것이기 때문에 대학시절 다양한 인턴십을 쌓는 것도 괜찮을 것입니다. 이는 앞으로 자신에게 적합한 커리어를 쌓는 데 보조역할을 해줄 수 있을 것으로 생각하기 때문입니다. 가능하다면 저학년(1, 2학년) 때에는 다양하게 인턴십을 경험해보고 고학년(3, 4학년)에는 자신이 가고자 하는 분야에서 업무를 배우고 익힐 수 있는 기회를 가진다면 좁은 취업문을 남보다 좀 더 빨리 뚫을 수 있을 것입니다.

2. 학교를 최대한 활용하기

미국은 대학마다 커리어 센터가 있는데 미국에서의 인턴십 자리나 취업정보를 얻고자 한다면 이를 최대한 이용해 많은 기회를 활용하는 것이 좋습니다. 이와 관련해 조지워싱턴 대학에는 Gwork라는 취업 관련 웹사이트가 있는데 이곳에 레쥬메Resume를 올려놓으면 기업들이 이를 통해서 연락을 해오기도 하고 자신이 관심 가는 포지션이 있으면 응모할 수도 있어 편리합니다. 특히 눈에 보이는 스펙, 예를 들면 중상위권의 학점이나 다른 과외 활동이 많은 사람이라면 더 유리합니다. 하지만 신분이 유학생인 경우, 가능한 일자리가 많지 않은 만큼 학과 교수님과 친분을 쌓아 유학생에게도 가능한 인턴십 자리를 추천받는 것도 좋습니다. 관련 학과 담당자를 찾아가 일자리에 관한 이메일 리스트서브에 본인의 이름을 추가해 달라고 해 새로운 인턴 자리나 일자리가 무엇이 있는지 평소에 확인할 수 있도록 해야 합니다.

조지워싱턴 대학에는 학부와 대학원을 5년 안에 마칠 수 있는 프로그램이 있는데, 이 같은 정보에 대해서도 미리 카운슬러를 만나 알아보고 1학년 때부터 스케줄을 잘 조정해서 준비한다면 취업 시 유리합니다. 이러한 기회에 응모하기 위해서는 학점이 최소 3.2 이상(4.0 기준) 돼야 하기 때문에 저학년 때 평소 성적관리에도 각별히 신경을 써야 합니다. 신입생 시절, 시스템 공학Systems Engineering을 같이 공부했던 동갑내기 일본인 친구가 있었는데 그 친구는 그때부터 이 5년 프로그램을 마음에 두고 있었습니다. 그래서 학부를 시스템 공학 전공으로 3년 만에 조기졸업하고 남은 1년 동안 전공을 경영 공학Engineering Management으로 해서 대학원을 마칠 계획이라고 했습니다. 그 후 4년 뒤 2008년 5월에 학부와 대학원을 함께 졸업한 후 그 친구는 그 해 7월 일본에 있는 리만 브라더스의 애널리스트 취업에 성공했습니다.

이 외에 평소 여러 동아리 활동을 통해 전공이 비슷한 선배들과의 친분을 쌓아 먼저 취직한 선배들에게 조언을 듣기도 하고 인턴십이나 취업 시 취직한 선배의 추천을 받는 것도 좋습니다. 실제로 이렇게 추천을 받아 취직하는 사람이 미국에도 많이 있으며, 국내에 있는 외국계 회사에서도 이러한 예를 본 적이 있습니다. 서울에 있는 뱅크 오브 뉴욕Bank of New York에서 인턴십을 할 당시, 입사한 지 6개월이 채 안 된 신입사원이 있었는데 그 사원이 취직한 후 몇 달 뒤 회사에서 새로운 사원을 모집했는데 자신의 친구를 추천해 채용된 사례가 있었습니다.

대학 2학년 시기에 제가 속한 경영학과에는 경영학부 학생들로 이루어진 동아리 모임이 만들어졌습니다. 일주일에 한번씩 이루어졌던 이 모임에서는 선배들이 듣기 좋은 교수님 수업을 따로 정리해서 간단한 프레젠테이션 방식으로 알려주기도 하고 인턴십에 관한 가이드라인을 주거나 그 외에 학교생활 및 취업에 관한 여러 정보를 서로 공유할 수 있는 기회를 가졌습니다. 그 이후에는 함께 미국에서의 주식투자나 마케팅공모전에 참가하는 등 다양한 활동을 경험할 수 있었습니다. 뿐만 아니라 조지 워싱턴 대학원의 비즈니스 동아리 모임과도 연합모임을 시도해 보다 폭넓은 만남의 기회를 제공했습니다. 학교에 갓 입학한 신입생이라면 이 같은 동아리 모임을 통해서 선배와 동기간에 친분도 쌓으면서 학교생활을 좀 더 빠르고 요령 있게 적응할 수 있을 것입니다.

3. 체계적인 계획 세워 추진하기

좋은 성적을 받는 것도 좋지만 무조건 열심히 공부해서 높은 학점만 받았다고 해서 반드시 좋은 직장으로 연결되는 것은 아닙니다. 대학 생활은 자신이 관심 있는 분야가 무엇인지 정확히 알고, 그에 따른 관련 직종은 무엇이며, 어떻게 하면 그런 분야에서 일을 할 수 있을지에 대해 연구하고 준비하는 기간입니다. 그러기 위해서는 1학년 때부터 차근차근 계획해서 단계별로 밟아 나가 졸업 후 가고자 하는 분야에 취업하는 것이 가장 좋은 시나리오라고 하겠습니다.

골드만 삭스와 같은 경우, 3학년 여름방학을 이용해서 인턴십을 거친 유학생들 중에서 우수한 학생들을 선별해 졸업 후 채용하는 일이 있었습니다. 3학년 겨울 방학 프로그램을 통해 인턴십을 하게 된다면 이미 졸업 후 취업과 연결시키기에는 6개월이 늦은 셈입니다. 또 ING Bank에서 만난 인턴동기의 경우에는 인턴십을 마치고 졸업 후에 ING Bank에 반드시 취직하고 싶어서 인턴십이 끝난 후 방학이나 휴일에 시간을 내 선배들을 찾아가 인사도 드리고 인턴십을 통해 맺은 인맥을 꾸준히 이어나가려고 노력했다고 합니다. 이렇듯 3, 4학년이 되었을 때에 자신이 가고자 하는 분야를 확고하게 알고 그 분야에 가까이 가기 위해서는 1, 2학년부터 체계적인 계획 및 노력이 요구됩니다.

1학년 때 직업정보를 최대한 많이 찾아보고 나에게 맞는 적절한 직업을 찾아 2, 3학년에는 관심직업에 연관된 분야에서 아르바이트 혹은 인턴십 경험을 쌓아 이력서에 기재할 활동들을 만듭니다. 제가 몇몇 인턴십을 거치면서 느낀 점은 기업에서 요구하는 인재는 스펙만 화려하고 학점만 좋은 사람을 원하는 것이 아니라는 것입니다. 회사가 요구하는 최소 스펙이 되는 인재 중에서 회사에 입사하는 즉시 성과를 나타낼 수 있는 사람을 원하고 있습니다. 오늘날과 같은 무한 경쟁 시대에 회사는 신입사원을 하나하나 가르치고 훈련시킬 시간적, 경제적 여유가 없습니다. 뻔한 얘기처럼 들리겠지만 학기 중에는 학과 수업을 통한 프로젝트에 충실해야 합니다. 간혹 성의 없는 교수나 따분하고 의미 없는 수업도 있을 수 있습니다. 하지만 대학을 졸업하고 취업하는 사람들인 만큼 자신의 전공을 통해서 무엇을 보고 배우고 느꼈는지 반드시 기술할 수 있어야 합니다. 특히 엔지니어로 지원하는 사람에게는 필수적인 사항입니다. 4년제 대학을 졸업하고 대기업에 지원하는데도 불구하고 근사하고 화려한 글을 쓰려는데 집착한 나머지 고졸인지, 대졸인지, 전공이 무엇인지, 어느 부서에 지원하는지 정작 중요한 '전공'을 통해 무엇을 배웠는지에 대한 내용이 없다면 그 지원자는 속 빈 강정이 되고 맙니다.

그 외에 나 자신에 대해 자세하게 파악하는 것도 중요합니다. 자신이 무엇을 잘하고 못하는지를 아는 것, 나의 장단점에 대해 파악하는 것은 간단하고 쉬운 것 같아도 하루아침에 알아내기 어려운 것들입니다. 장점이 단 한 개도 없는 사람은 이 세상에 없습니다. 취업 시 지원회사 혹은 지원직무에 발휘될 수 있도록 전공, 성격, 흥미, 사회활동 등등 회사에 기여할 수 있는 나의 장점을 다각도로 찾아내 알고 있어야 합니다. 이를 위해선 학교 내외에서의 다양한 동아리 활동 및 사교활동이 더더욱 필수적입니다.

4. 미국에서 공부하는 유학생들의 체류 신분

미국에서 공부하는 한국 유학생들에게만 해당되는 이야기를 한 가지 첨부하자면 대학 졸업 후 취업과 관련된 체류 신분에 관한 것이 있습니다. 이에 관한 법이 최근 바뀌어 유학생들이 난감해하고 있습니다.

예전에는 졸업을 앞둔 유학생들의 경우 졸업하기 전 3, 4개월 전에 OPTOptional Practical Training를 신청한 후 EADEmployment Authorization Document card를 받아야 졸업 후 1년간 미국에 남아서 일자리를 구하거나 취업할 수 있었습니다. 3, 4개월 전에 신청해야 하는 이유는 OPT를 신청하는 데에 필요한 서류 및 절차가 복잡하고 서류를 접수하고 나서 최소 2개월을 기다려야 EAD card를 받을 수 있기 때문입니다. EAD card를 받고 난 이후 직장을 얻으면 취업비자(H-1비자)를 신청할 자격을 갖게 됩니다. 직장에서 취업비자를 신청해줘 승인을 받게 되면 계속 체류 신분을 유지할 수 있게 됩니다. 그러나 직장을 얻었다 하더라도 취업비자를 얻지 못하면 OPT 허용기간 동안만 미국에 머물 수 있습니다. 다시 말해 1년이 지나면 곧바로 한국으로 돌아가야 했습니다.

과거에는 규모가 큰 회사들의 경우, 유학생들을 고용해 H-1비자를 대부분 보장해줄 수 있었습니다. 그러나 최근 들어 취업비자를 신청하는 인구가 많이 늘자 취업비자를 보장해줄 수 있었던 회사들도 방침을 바꾸게 되었습니다. 미국 당국에서 취업비자를 잘 내주지 않음에 따라 이들 회사들도 취업비자 보장이 사실상 어렵게 된 것입니다. 이로 인해 좋은 직장에서 당연히 취업비자를 받을 것으로 여겼던 이들이 취업비자를 받지 못하고 본국으로 돌아가야 하는 불이익을 당하게 되었고, 회사 측에서도 1년간 일했던 유능한 사원을 본의 아니게 잃게 되어 손해를 감수해야 했습니다. 이 같은 이유로 인해 회사들도 취업비자 없이는 체류 신분상 장기간 일하기 힘든 유학생들을 달가워하지 않아 유학생이 미국에서OPT 신분만으로 일자리를 구한다는 것은 점점 어려운 일이 되어가고 있습니다.

이러한 OPT 법이 지난 2008년 4월 더욱 까다롭게 바뀌었습니다. 예전에는 OPT 기간 내 반드시 취업을 하지 않아도 됐습니다. 개정법에 따르면 2008년 4월 이후부터는 EAD card를 받았다고 하더라도 90일 내에 봉급을 받을 수 있는 곳에 취업하지 못하면 한국으로 돌아가야 합니다. 하지만 90일 내에 취업을 하면 H-1비자를 받지 못해도 전공에 따라 12개월에서 17개월까지 미국에 남아서 일을 할 수 있습니다. 개정법은 OPT 졸업 유학생의 체류 기간을 5개월 연장했지만 이는 STEMScience, Technology, Engineering, Mathematics 전공자로 제한했습니다. 그렇다 하더라도 졸업 후 90일 이내에 취업하기란 사실상 무리이기 때문에 일단 미국에 1년간 더 남아 있고자 OPT를 신청했던 유학생들로서는 고민이 이만저만이 아닙니다. 뿐만 아니라 90일 안에 취업을 했다고 해도 미국 체류가 허용된 12개월 기간에 직장에서 최소 90일 이상 일하지 않으면 OPT가 박탈된다고 합니다.

졸업하기 전 마지막 학기는 항상 바쁩니다. 특히 외국에서 유학 생활을 하면서 현지취업을 준비하는 유학생들은 본인으로서 챙겨야 할 일이 더욱 많을 수밖에 없습니다. 다른 취업 관련 준비와 졸업을 위한 준비를 다 마쳐놓고 체류 신분상의 문제로 어쩔 수 없이 귀국해야 한다면 당사자 입장에선 억울한 일일 것입니다. 미국에서 공부하는 한국 유학생들은 학점, 인턴십, 과외 활동 이외에 졸업하기 전 최소 3, 4개월 전에 이 같은 체류 신분 문제에 관해 자세히 알아보고 OPT를 미리미리 신청해 불필요한 손해를 보지 않도록 해야 할 것입니다.

어학연수 100% 활용하기

어학연수는 요즘 모든 대학생의 고민이다. 상당수의 학생들이 어학연수를 떠나 영어 한 마디 늘지 않고 돌아오는 경우가 태반이다. 고려대 언론학부에 재학 중인 객원저자 김주민 씨의 이야기를 통해 어학연수 성공의 비법을 들어본다.

UC버클리 대학교 연수기 _김주민(고려대 4년)

1. 왜 갔나요? _ "학교야 기다려, 오빠 잠깐 다녀온다!"

나는 지난 2001년에 UC버클리 대학교로 어학연수를 다녀왔다. 사실 처음부터 외국에 갈 생각은 없었다. 대학에 들어가서 그저 친구들과 놀고픈 마음만 컸고, 타지에 가서 새로운 도전을 하겠다는 생각은, 일절 없었다. 하지만 이제 와서 돌이켜보니 내가 참 멍청했다. 만약 그때 외국에 다녀오지 않았더라면 지금쯤 나는 돈 좀 쓰는 한량으로 세월을 축내고 있을 테니 말이다.

해외연수를 가게 된 계기는 '초라한 성적표' 때문이었다. 1학년 초부터 너무 놀아서 첫 학기 성적이 학사경고를 겨우 넘었다. 급기야 성적표를 본 부모님이 탄식하며 내게 휴학하라고 말씀하셨다. 하지만 학교에서 노는 게 너무 좋아서 차마 그러기 싫었다. 그러다 어느 날 단과대 게시판에 붙은 공고 한 장이 눈에 들어왔다. '해외 학점 인정 어학연수생'을 모집한다는 내용이었다. 방학 동안 학점교류 협정이 체결된 학교에 연수를 다녀오는 제도라 학점도 따고 해외 경험도 쌓는 좋은 기회였다.

평소 같으면 무시할 공고문인데, 이상하게 그날따라 게시물에 눈이 갔다. 학창시절에는 남부럽지 않은 성적으로 부모님께 웃음을 선물했던 나였다. 그런데 당시 내게 남은 건 어디 내놓기조차 부끄러운 성적표뿐이었다. "이대로는 안 되겠다!" 나는 부끄러운 줄도 모르고 전지 크기의 게시물을 통째로 떼어서 집으로 가져왔다. 부모님도 내가 떼어온 물건을 보고

"이게 뭐냐"며 놀랐다. 하지만 이내 잘 됐다며 외국 가서 내 또래 아이들이 얼마나 앞서가고 있는지 두 눈으로 확인하라고 말씀하셨다.

2. 가서 어려운 점(1) __"미션 임파서블(Mission impossible), 학교를 찾아라!"

얼마 지나지 않아 샌프란시스코 행 비행기를 탔다. 2001년 여름의 일이었다. 솔직히 도착했을 때까지는 '외로움'을 못 느꼈다. 미리 유학원에 말해 현지에서 나를 픽업할 사람을 만나기로 했기 때문이었다. 하지만 그 사람을 만나니 이야기가 조금 달랐다. "저는 오클랜드에 사는 대학원생입니다. 약속대로 학교까지 배웅만 해줄게요." 배웅만 해준다고 해서 덜컥 겁이 났다. "아니, 그럼 학교 등록은요?" "그건 학생이 알아서 할 일이지."

타지에서 처음 만난 한국인이 얼큰하게 뒤통수를 후려친 격이었다. 그 사람은 나를 학교 근처에 내려주고는 집에 가 버렸다. 지금도 잊을 수 없다. 짐 가방을 들고 우두커니 길에서 1시간을 기다렸다. 이대로 있다가는 위험할 것 같아서 근처에 있는 가게로 들어갔다. 되지도 않는 영어를 막 섞어가며 학교로 가는 길을 알려달라고 했다. 그런데 어디선가 많이 듣던 문장이 내 귀를 때렸다. 흡사 토익시험 '파트 3, 4'에서 나올 법한 문장(가게를 나가서 몇 번째 골목으로 들어가서 좌회전, 우회전 등등)이 들려온 것이다. 나도 모르게 그만 "땡큐, 토익!"이라고 외쳤다.

그렇게 학교에 도착해서 교환학생 접수를 하고, 기숙사 열쇠를 받으며 연수 생활이 시작되었다. 처음에는 전화 거는 방법도 몰라서 한국에 2주 만에 전화를 걸었다. 내가 지냈던 기숙사는 총 4개 동이 마주보는 'ㅁ'자 형태의 빌딩이었다. 특히 내가 살던 기숙사에는 희한하게도 한국인이 3명뿐이었다. 기숙사에는 대부분 타이완, 일본에서 온 학생들이 많았다.

2. 가서 어려운 점(2) __"한국인, 가급적 피하라!"

불행 중 다행이었을까, 한국인이 거의 없었던 환경은 내 영어실력 향상에 큰 도움을 주었다. 당장 내 룸메이트가 타이완 사람이어서 어떻게든 말을 하려면 영어를 꺼내야만 했다. 일단 밥이 문제였다. 학교 교수님이 우스갯소리로 "내가 80년대에 미국 갔을 때, 처음으로 맥도널드에 가서 기브 미 맥도널드Give me McDonald라고 했었지, 하하"라고 말하곤 했지만, 막상 배고프니 맥도널드고 뭐고 눈에 뵈는 것이 없었다. 결국 룸메이트에게 "타이완에서 온 친구들과 함께 밥 먹자"고 어렵사리 말을 꺼냈다.

기숙사 식당에 가니 여러 국가에서 학생들이 많이 와 있었다. 브라질에서 온 여학생들은 몸매가 착했고, 이탈리아에서 온 학생들은 이목구비가 또렷해서 모델인 줄 알았다. 눈에 띄는 두 그룹이 있었는데 중국인과 한국인이었다. 그들은 여럿이 몰려다니는 게 특징이었다. 그러다 보니 영어 사용 빈도도 낮을 수밖에 없었다. 중국인이나 한국인이나 여럿이 모이면 떠들기 일쑤였다. 차라리 영어로 떠들면 좋았을 텐데 중국말, 한국말로 떠드는 걸 보며 '저 사람들은 왜 여기 왔지?'라는 생각이 들었다. 수업 시간에도 한 반에 한국인이 두세 명 정도 있었지만, 애써 아는 척하지 않았다. 나중에 들은 이야기지만, 한국 학생들이 처음에는 나를 일본인으로 착각했었다고 한다.

타이완, 일본 학생들과 함께 지내다 보니 영어뿐만 아니라 한자도 많이 알게 되었다. 한중일 3국이 유일하게 공용어로 쓸 수 있는 언어는 단연 한자다. 그러다 보니 종종 타이완, 일본 학생들과 모여 서로가 아는 한자를 써가며 그 뜻을 영어로 설명하곤 했다. 연수를 시작하고 처음으로 시작한 취미생활이었다. 학교에서 배우는 영어보다 외국인 친구들과 친해지며 쓰는 영어가 오히려 친숙했다. 수업 시간에 녹음해서 다시 듣고 필기하는 영어와는 느낌이 달랐다. 방과 후에는 시간이 많이 남아서 외국인 친구들과 함께 샌프란시스코 일대를 돌아다니곤 했다.

나중에는 혼자 야구 보려고 지하철 타고 오클랜드 경기장까지 손쉽게 오가곤 했다. 연수 온 지 두 달이 지났을 때였다. 그 무렵 한국인 학생들은 중간고사가 끝났다며 기숙사 방에 모여 폭탄주 먹고 고성방가를 하다 주민 신고를 받고 온 경찰에 조사를 받았다. 말레이시아 학생에게 들은 이야기였다. 사실 나도 초대를 받았지만, 애써 참석하지 않았다. 미국에 와서까지 한국에서처럼 놀고 싶지 않았기 때문이다.

사실 내가 간 어학연수 코스는 방학 때 다녀오는 과정이었는데, 나는 기간을 조금 연장해서 4개월 정도 지내다 돌아왔다. 귀국 전 UC버클리에서 학생들에게 토플 시험PBT를 치게 했는데 당시 기억으로 650점(CBT 기준 280점)을 받았다. 연수 가기 전에는 학사경고를 겨우 면했던 낙제생이 연수를 성공적으로 마치고 토플 점수까지 얻어서 돌아온 셈이다.

내가 어학연수로 얻은 것은 비단 영어실력 향상뿐만이 아니었다. 미국에서 사귄 외국인 친구들과도 오랫동안 연락했다. 당시 나와 가장 친했던 녀석이 타이완에서 온 중학생이었는데, 그 친구는 지금 홍콩 과기대에서 유학하고 있다. 그 중학생의 별명이 'PDA보이'였는데, 항상 손에서 PDA를 놓지 않아서 붙은 별명이었다.

PDA보이를 다시 만난 건 1년 뒤인 2002년 겨울이었다. 이메일로 타이완에 연락을 해서 친구들을 모두 만나기로 했다. 미국에 갔을 때와는 기분이 전혀 달랐다. 떨림도 없었고, 전혀 겁나지 않았다. 내가 도착할 곳에는 말이 통하는 친구들이 있었기에 배낭 하나만 매고 그저 편안한 마음으로 비행기에 몸을 실었다. 공항에 마중 나온 친구들 중에는 PDA보이도 있었다.

당시 그 친구와 한 가지 약속을 했다. "너 PDA 그렇게 좋아하면 차라리 나중에 PDA를 만들어보지 그러냐?" "안 그래도 그럴까 생각중이에요. 형은 나중에 어떤 일 할 거예요?" "글쎄? 정부 기관이나 언론사에서 일하고 싶은데?" "좋아요, 15년 뒤에 내가 대학 교수가 되고 형이 기자가 되어서 서로 만나는 게 어때요?" "그러면 그때도 내가 '어이 PDA보이!'라고 부르면 마중 나올 수 있겠어?" "그럼요!" 지금 PDA보이는 홍콩 과기대를 다니고 있고, 나는 기자 시험을 준비하고 있다. 각자의 꿈이 이루어진다면 내가 홍콩으로 날아가 PDA보이의 인터뷰를 따야 할지도 모를 일이다. 나는 어학연수를 통해 해외인맥도 자연스레 이루었다. 결코 어려운 일이 아니다.

4. 그래도 어학연수를 가야 할까? __"언어 환경 때문에라도 꼭 가야 한다!"

요즈음에는 각 대학마다 외국 학생을 국내 대학에 초청하는 '국제대학' 프로그램이 많다. 특히 내가 다니는 고려대의 경우 매년 여름마다 '국제하계대학' 코스를 열어 아예 캠퍼스에서 외국어를 쓰도록 유도하기도 한다. 물론 이런 제도를 이용하면 큰 돈 들이지 않고 간접적으로 해외 경험을 할 수는 있겠지만, 어학연수에 비할 바는 못 된다.

'환경'의 차이 때문이다. 아무리 캠퍼스를 외국처럼 만든다고 해도 어차피 집에 가거나 친구들과 전화할 때는 한국어를 쓴다. 게다가 주변 상점도 마찬가지다. 캠퍼스 주변의 상인들이 영어를 쓸 리도 만무한데다 '집이 코 앞'이라는 안일한 생각 때문에 긴장감도 느끼기 어렵다.

두 번째 이유는 '자신감'의 문제다. 한국에 있으면서도 외국인에게 말 거는 게 쉽지만은 않은데, 하물며 외국에서는 오죽하겠는가. 자신을 도와줄 한국인이 없는 상황이 닥쳐야 억지춘향으로 말문이 트이게 된다. 그렇게 터득한 영어는 죽을 때까지 잊지 못한다. 하지만 한국에 온 방문학생들과 영어 몇 마디 하는 건 기억에 남지 않는다. 나를 도와줄 친구들이 사방에 깔려 있는데 굳이 영어를 써야 할까. 실제로 내가 아는 한 외국인 친구는 귀국할 때 한국어를 더 많이 배워갔다고 했을 정도다.

5. 어학연수의 왕도 __"무조건 부딪혀서 굳은살을 만들어라!"

앞서 이야기했듯이 나는 픽업맨이 배신(?)하는 바람에 먼 타국 땅에서 혼자 학교까지 찾아갔다. 영어 한 마디 못하는 낙제생이 말이다. 일단 눈에 보이는 게 없어야 한다. 철면피, 안면몰수는 기본이다. 정에 이끌려서 한국인과 어울린다면 어학연수의 절반은 실패했다고 보면 된다. 한국 학생들과 어울렸을 때의 코스는 뻔하다. 강의 시간에는 한국말로 조용히 떠들고, 방과 후에는 디카를 들고 놀러 다니며 사진 찍기 바쁘다. 조금 더 대담해지면 마트에서 술과 트럼프 카드를 사서 밤새 먹고 마시며 논다. 그리고는 아침에 일어나 한인식당에 가서 "형님, 김치찌개 얼큰하게 하나 끓여주세요."라고 말한다. 이럴 거면 구태여 미국까지 올 필요가 없다.

그저 외국인과 부딪치고 또 부딪쳐라. 말이 안 통하면 손발을 이용해서라도 친해지자. 그러다 보면 자연히 말문이 열린다. 시내에 있는 식당에 가서도 복잡하게 주문할 필요 없다. 그저 음식 이름을 말하면 "얼마나 익혀드릴까" 하는 질문 정도가 되돌아온다. 그럴 땐 주눅들지 말고 "미디움 웰 던"이라고 대답하면 된다. 영어 회화가 시작부터 거창한 게 아니다. 단어가 서로 모여 문장이 되고, 그 문장들이 모여 관용어구가 되는 것이다.

연수를 갈 때도 "나는 어떤 공부를 어떻게 해서…"이런 거창한 계획 세우지 마라. 연수에서 얻는 참 경험은 각색되지 않은 '험난한 고난기'에서 나오는 법이니까. 그저 처음에는 "무대뽀"로, 나중에는 편하게 외국인과 즐기다 오면 누가 뒤통수를 때려도 "악" 소리가 아니라 "아우치Ouch"가 나온다.

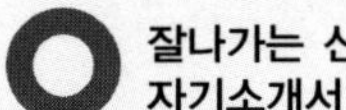 잘나가는 신입사원 20명이 공개하는
자기소개서 잘 쓰는 법

+06

난 잘 모르겠어! :
대학생들과의 생생한 Q&A

때_ 2008년 5월 28일

곳_ 종로 T. G. I. Friday's

참석자_ 이현택, 김주민, 이신영, 송지영, 손소희

(이현택→택, 송지영→송, 손소희→희, 김주민→김, 이신영→신)

지금까지 책을 읽었지만, 아직도 궁금한 점이 많은 독자들이 태반이다. 독자들의 궁금증을 대신해 대학생들의 토론을 싣는다.

본 토론에는 객원저자 김주민(전 중앙일보 인턴, 고려대 4년), 이신영(전 조선일보 인턴, 한동대 4년)씨와 베타테스터 송지영, 손소희(숙명여대 3년) 씨가 참여했다.

스펙, 그게 뭐야?

택 : 오랜만이다. 지영이와 소희는 이제 곧 4학년이 될 텐데 취업 준비는
　　　좀 되고 있나.

송 : 말도 마라. 4학년인데 해놓은 것은 별로 없고 머리가 다 아프다.

희 : 지영이 넌 YLC도 있고 단체 활동도 많이 했지 않나.

김 : 그러게, 모 신문에서 인턴도 하지 않았나.

송 : 남들도 다 그 정도 하는데, 뭐 대수라 그런가. 정말 답이 없다. 도대
　　　체 스펙이라 하는 것은 어떻게 만드는 것인가.

신 : 스펙은 다른 게 없다. 학점, 토익과 같은 기본적인 취업 지표는 물
　　　론 인턴 등의 경험, 수상 경력 등을 자신이 지원할 회사에 맞춰서 가
　　　꿔놓으면 그게 스펙이다.

희 : 감이 잘 안 온다.

택 : 무역회사에 지원한다고 치자. 그럼 우선 높은 영어 성적이 필요할
　　　테고, 가능하다면 해외에서 친구들과 활동을 해봐야 하지 않겠나.
　　　가능하면 작게라도 장사를 해본 사람이 유리하겠지. 역으로 중공업
　　　회사에 플랜트 부문으로 지원한다면 기계공학 같은 전공 지식에 올
　　　인한 인재가 훨씬 나을 것이다.

송 : 무작정 이것저것 하는 게 아니었군.

김 : 그렇다. 대책없이 여기저기 쫓아다니면 '닭 쫓던 개' 신세 되는 것
　　　이다.

송 : 그러나 요즘은 너도나도 고스펙이다. 정말 스펙 홍수시대다. 어떤
　　　상황에서 어떤 스펙을 부각시켜야 하나.

신 : 아까도 말했지만, 스펙에는 '선택과 집중'이 필요하다.

택 : 요즘 가장 안타까운 애들이 고스펙 좇아 여기저기 학생단체 기웃거

리는 애들이다. 여기서도 무슨 활동, 저기서도 무슨 활동. 그게 소
용이 있을 것 같나? 그냥 예의 정도로 한 개 학생단체 활동 좀 하고
그 외에는 자기 취향에 맞게 시민단체나 기업, 공공기관 같은 '학교
밖 활동'을 하는 것이 낫다.

김: 가능하다면 공부를 좀 하는 것도 낫다. 논문대회나 마케팅 공모전
같은 '공부로 승부하는' 커리어 말이다. 학생들이 매번 밖으로 돌고
홍보대사나 하고 앉아 있으면 그게 취업으로 향한 길이 될 것 같나?
그건 아니다.

희: 마케팅 분야로 진출하려면 그럼 어떻게 스펙을 쌓아야 하나.

신: 요즘 잘나간다는 친구들을 보면, 우선 1~2학년 때 최대한 재미있는
활동을 하는 게 중요하다. 가령 베이징 올림픽에서 자원봉사를 한
다든가… 아니면 아프리카에서 구호활동을 하는 등 저학년이 아니
면 절대 할 수 없는, 시간과 비용이 많이 소요되지만 평생 갈 활동을
해야 하겠다. 그리고 3학년 정도에는 공부와 노력이 많이 필요한 활
동을 한다. 이를테면 공모전이나 논문대회, 아니면 국내 시민단체
활동 정도가 좋겠다. 4학년 때는 인턴십을 하면 좋다. 우리나라에서
는 1~2학년은 인턴십 구하기가 어렵다. 사실 실력도 없는데 누가
어린애를 인턴으로 뽑겠나. 그래서 인턴십은 3학년 겨울과 4학년
여름 정도에 하면 좋을 것 같다. 소위 인기있다는 학생활동 같은 건
간간이 하면 되겠지.

김: 근데 학생이 무슨 솔저냐. 그렇게 짜여진 틀에 맞춰서 학교 생활을
어떻게 한단 말인가.

택: 저건 예시다. 자기 스타일이나 스케줄에 맞춰서 하면 되지 않나. 실
제로 저 정도는 그리 어려운 게 아니다.

송: 취업했다고 말 함부로 하는 것 아니다. 저렇게 하기 은근히 어렵다.

자기소개서의 시작

송 : 자기소개서의 첫 문장은 어떻게 시작하나. 시작과 끝이 은근히 스트레스다.

택 : 항상 '학생다움'을 잊지 마라. 인사담당자들이 보는 졸업예정자의 느낌이 뭔가.

희 : 풋풋한 신입사원 같은 이미지 아닌가.

택 : 그렇다. 신입사원이라는 것을 가장 큰 가치로 생각하고 자기소개서를 써야 한다.

신 : 처음 시작은 자신의 에피소드로 시작하는 것이 그나마 자연스럽다. 괜히 오버하지 말고 왜 지원 회사에 관심을 가지게 됐는지, 이 업종에 얽힌 이야기는 무엇인지를 풀어주는 것이 좋다.

김 : 그런데 종종 보면 억지로 관심을 지어내는 애들이 있다.

택 : 그러면 바로 아웃이다. 인사담당자가 하루이틀 자기소개서 읽겠나. '이 회사와의 인연이 어쩌구' 하는 식의 억지는 오히려 비호감이다.

신 : 처음 시작을 '마케팅이란 ~이다' 라는 식의 정의로 시작하는 것은 어떤가.

택 : 뭐, 나쁜 것은 아니지만 지면 낭비 같다. 신입사원에게서 마케팅이 무엇인지, 경영이 무엇인지를 듣기 위해 자기소개서를 내라고 하는 것은 아니지 않나. 다들 쓸 말 없으니깐 그런 식으로 한두 줄 채우고 다른 말 쓰면 뭐 있어 보인다고 생각하는가.

김 : 그렇다.

택 : 그러면 안 되는 것이다.

신 : 같은 논리로 책을 마구 인용하는 것도 피해야 한다.

택 : 그렇다. 사실 대학생들이 인용하는 책이 뻔하다. 수만 장의 자기소

개서를 읽는 인사담당자가 볼 때 뻔할 수밖에 없다.

송 : 성장과정, 부모님 등 소위 뻔한 애기는 정말 쓰면 안 되나?

택 : 그것도 지면 낭비가 될 수 있다. 특이한 가정에서 자랐으면 모를까 엄격한 가풍, 인자하신 어머니… 이런 것은 다 지면 낭비다. 아니, 자기 어머니가 그럼 인자하지, 학대라도 한다는 것인가? 엄부자모로는 절대 애기 안 된다.

김 : 집이 어렵다는 이야기도 써봤자다. 크게 어려워서 자기가 장사할 정도 아니라면 쓰지 말아야 한다. IMF로 인해 온 국민이 어려웠는데, 가세가 기울었다는 표현이 심금을 울릴 수 있을 지는 의문이다.

로열티의 표현

희 : 회사에 대한 로열티는 어떻게 표현하나.

송 : 단지 붙여넣기 한 것이 아니라 이 회사가 좋다, 가고 싶다는 말을 표현하고 싶은데 그게 쉽지 않다.

택 : 그럴 때는 우선 회사에 대해 공부를 좀 해야 한다. 언론 보도는 물론이고 회사에 관련한 책자를 두루 섭렵해야 한다. 회사에 대한 공부를 한 사람과 하지 않은 사람은 자기소개서 자체가 다르다.

김 : 공부한 다음에는 어떻게 하나.

택 : 그걸 포부 내지는 자신이 생각하는 회사라는 항목에 녹여내면 된다. 내가 볼 때 이 회사는 ~~한 강점이 있고, ~한 부분에서 역량을 살릴 수 있으며, 나는 이런 점에서 내 역할을 다할 수 있을 것 같다는 식의 서술은 어떤가.

신 : 듣고 보니 말 된다.

송 : 모든 회사를 다 그렇게 공부할 수는 없는 노릇 아닌가.

김 : 그럴 땐 선배들을 찾으라. 한 업계에 있는 선배는 그 업계 전반에 대한 이야기를 해줄 수 있다. 선배 좋다는 게 이런 것 아닌가.

송 : 친구들 중에는 '열심히 하겠다'는 식의 이야기로 마무리짓는 사람들도 있다.

택 : 그건 소용없다. 열심히 안 하는 사람이 어디 있나? 어떻게 열심히 할 것인지, 어떻게 기업에 가치를 줄 수 있는지를 말해야지 다짜고짜 '열심히 하겠습니다'라고 하면 누가 인정해주겠나.

김 : '꼭 뽑아주세요. 열심히 하겠습니다'와 같은 말도 진부하다.

신 : 그런 애들은 안 뽑아도 된다. (웃음)

서술

김 : 자기소개서에 따로 형식이 있나? 재미있게 쓰면 안 될까? 형식 파괴라든가….

신 : 언론사나 광고 회사 같은 곳이면 모를까 일반 기업에서는 별로 호소력이 없다.

택 : 그렇다. 기업은 근본적으로 성과를 통해 이익을 내는 곳이다. 성과가 무엇인지, 이익이 무엇인지, 가치는 무엇인지를 나타내야지 재미가 주가 아니다.

송 : 그러나 기왕이면 읽는 맛이 있다면 다홍치마 아닌가.

신 : 읽는 맛이 있다는 것은 재미있는 에피소드라든가 약간 튀는 발상으로 시작하는 것을 말하는 것이지, 형식을 완전히 무시하고 시나 소설을 쓰라는 이야기는 아니다.

택 : 그렇다. 읽는 맛 가미한다고 에피소드 억지로 붙이고 하면 오히려 반감이 된다.

김 : 조금 포장을 하는 것은 어떤가. 거짓말을 쓰기는 좀 그렇고 약간 포장하는 것은 어떨까.

회 : '뽀록' 날 것 같다.

신 : 약간의 포장은 그런데 어쩔 수 없는 것 아닌가. 모든 경험을 있는 그대로만 쓰면 밋밋한데다 '왜 썼냐' 는 느낌을 줄 수 있다.

택 : 신문에서 '초를 친다' 는 말을 쓰는데, 약간 재미있게 쓰는 정도라면 모를까 사실관계를 왜곡해서는 안 된다. '확인하겠냐' 는 식으로 말하는 사람도 있는데, 정말 확인해서 거짓이 드러나면 퇴사 조치도 된다는 것을 잊어서는 안 된다.

김 : 한 군데서 좀 잘 먹힌다는 자기소개서를 다른 곳에서 쓰면 어떤가.

택 : 그것도 비추다. 한 군데서 잘 된다고 또 쓰면 같은 평가를 받을 것 같나. 같은 논리로 합격자의 자기소개서를 비슷하게 베껴 쓰는 것 역시 비추다. 요즘 상당수의 기업에서는 자기소개서가 키워드별로 검색이 될 것이다.

신 : 그리고 인사담당자의 '감' 이란 게 있다. '어디서 읽어본 것' 이라는 생각이 들면 그걸 생각해내는 게 인사담당자다.

회 : 자기소개서를 잘 읽히게 쓰는 방법은 뭐가 있나. 막상 자기소개서를 쓰고 나서 읽어보면 글투가 이상하다.

신 : 자기소개서를 스스로 읽어보고, 그걸 영상으로 찍어서 모니터링해보는 것은 어떨까.

김 : 영상으로까지 찍을 필요는 없고 그냥 친구들과 함께 소리내어 돌려 읽어만 봐도 금세 문제점이 드러난다.

택 : 스스로 자꾸 읽어보는 것이 중요하다.

자기소개서로 쓸 만한 아이템

송 : 자기소개서를 쓸 만한 글감, 아이템은 무엇이 있나.

신 : 나 같은 경우에는 어릴 적부터 찍은 사진들을 쭉 훑어봤다. 그 중 재미있는 것을 써봤다.

희 : 그것 괜찮은 방법 같다. 그런데 어릴 적 기억이 생각이 나나?

김 : 그럴 때 초를 조금 쳐라. (웃음)

택 : 나는 full resume를 만들어 둔다. 자기소개서를 쓰기 전에 이력서를 한 번 쭉 읽어보면서 머릿속으로 상상한다. 그렇게 하고 나서 쓰면 한결 생생하게 쓸 수 있다. 이력을 취사선택한다는 느낌으로 구석구석에 인용하면 될 것 아닌가.

김 : 그건 당신이 이것저것 해서 그렇다. 나는 있는 이력 다 활용해도 부족할 때가 있다.

송 : 그 기업에 유명한 사람을 롤모델로 잡아서 쓰는 것은 어떨까. 아부하는 것처럼 들리지 않나.

신 : 너무 찬양투로 쓰면 모를까, 그리 나쁘지 않다. 그 회사의 구성원에 대해 공부한 것인데 나쁠 리가 있나.

택 : 그러나 너무 유명한, 남들이 다 인용할 만한 인물을 쓰면 오히려 비호감이다. 예전에 내가 면접 볼 때는 누구나 다 아는 그 회사의 아이콘과 같은 분에 대해 어떤 사람이 자신만이 알고 있는 양 조목조목 이야기하는데, 면접관의 반응이 별로였다.

김 : 그 회사의 보도자료를 쭉 읽어보는 것도 도움이 된다. 보도자료는 회사의 방향을 보여주는 것이기도 하기 때문이다. 언론 보도는 너무 객관적이고, 약간은 편향적인 보도자료를 보면 그게 사내 입장 아닌가.

송 : 아무래도 어렵다. 좀 써보고 이야기 다시 하도록 하자.

택 : 좋다. 내년에는 모두 취업한 다음에 좌담을 새로 하자.

KI신서 1451

잘나가는 신입사원 20명이 공개하는
자기소개서 잘 쓰는 법

1판 1쇄 발행 2008년 7월 30일
1판 8쇄 발행 2012년 1월 15일

지은이 이현택
펴낸이 김영곤 **펴낸곳** (주)북이십일 21세기북스
부사장 임병주 **PB사업부문장** 정성진
기획 서지연 **편집** 박혜란 **마케팅영업본부장** 최창규 **영업** 이경희 정병철 **마케팅** 김현섭 김현유 강서영
출판등록 2000년 5월 6일 제10-1965호
주소 (우413-756) 경기도 파주시 문발동 파주출판단지 518-3
대표전화 031-955-2100 **팩스** 031-955-2151 **이메일** book21@book21.co.kr
홈페이지 www.book21.com **21세기북스 트위터** @21cbook **블로그** b.book21.com

값 10,000원
ISBN 978-89-509-1510-0 03320